幼儿园自主游戏观察与记录

——从游戏故事中发现儿童

董旭花 韩冰川 刘 霞 等 著

中国轻工业出版社

图书在版编目（CIP）数据

幼儿园自主游戏观察与记录：从游戏故事中发现儿童/董旭花等著. —北京：中国轻工业出版社，2015.12
（2025.1重印）

ISBN 978-7-5184-0758-3

Ⅰ.①幼… Ⅱ.①董… Ⅲ.①游戏课－学前教育－教学参考资料 Ⅳ.①G613.7

中国版本图书馆CIP数据核字（2015）第291875号

保留所有权利。非经中国轻工业出版社"万千教育"书面授权，任何人不得以任何方式（包括但不限于电子、机械、手工或其他尚未被发明或应用的技术手段）复印、拍照、扫描、录音、朗读、存储、发表本书中任何部分或本书全部内容，以及其他附带的所有资料（包括但不限于光盘、音频、视频等）。中国轻工业出版社"万千教育"未授权任何机构提供源自本书内容的电子文件阅览、收听或下载服务。如有此类非法行为，查实必究。

责任编辑：吴　红　　　责任终审：腾炎福
策划编辑：高　君　　　责任校对：刘志颖　　　责任监印：吴维斌

出版发行：中国轻工业出版社（北京鲁谷东街5号，邮编：100040）
印　　刷：三河市双升印务有限公司
经　　销：各地新华书店
版　　次：2025年1月第1版第23次印刷
开　　本：710×1000　1/16　印张：15
字　　数：120千字
印　　数：136001—142000
书　　号：ISBN 978-7-5184-0758-3　定价：58.00元
读者热线：010-65181109
发行电话：010-85119832　010-85119912
网　　址：http://www.chlip.com.cn　http://www.wqedu.com
电子信箱：1012305542@qq.com
版权所有　侵权必究
如发现图书残缺请拨打读者热线联系调换
242230Y1C123ZBW

前　言

　　学习新西兰的"学习故事"最打动我的不是如何书写学习故事，而是新西兰国家早期教育课程框架《Te Whāriki》理想宣言中的几句话："儿童是以有能力、有自信的学习者和沟通者的身份成长的，身体、心理、精神健康，有安全感和归属感，知道他们能为社会做出重要贡献。"——这与我们的文化教育传统截然不同。

　　在我们这么多年的培训中一直强调教师要转变儿童观和教育观，但在幼儿园教育实践中，我们还是看到教师对幼儿的无所不在的"控制"。如果让教师回答"儿童是什么样的人"，他们中的大多数可能会说"天真""活泼""喜欢自由""顽皮"——这些词语表达了他们对于儿童的认识以及他们的儿童观；但这些词语的后面还隐藏着另一些词语，即天真—无知，活泼—好动、不专注，喜欢自由—不遵守纪律，顽皮—惹是生非。于是，我的脑海里经常会出现一个"手拿着一把大大的剪刀"的"凛冽"的教师形象。不是说儿童是一棵棵小树嘛，那么教师就应该是拿着大剪刀修剪小树，以防小树长歪的人——这应该不是大家喜欢的教师形象吧？我们喜欢的是"手拿喷壶在和煦的阳光下浇灌花草"的温暖的教师形象。

　　新西兰的教师相信"儿童是以有能力、有自信的学习者和沟通者的身份成长的"，所以，他们高度重视自发活动对儿童发展的价值，高度重视给予儿童自我发展空间的意义。以儿童的自发活动为切入点的"学习故事"就集中

反映了他们的这一基本认识,"学习故事"就是他们对课程实践的记录,也是他们对儿童发展的评价方式。

如何让我们的幼儿教师也认识到每个儿童都是"有能力、有自信的学习者"呢?很显然,单靠讲座式的培训是不够的,应该让教师慢下来,静下来,真正观察幼儿。这种观察能让教师真正走进幼儿的内心,看到每个幼儿自我学习和成长的力量。

近几年,安吉游戏风靡全国,乃至影响到世界上很多国家。每一个去浙江省湖州市安吉县参观过的教师都会感叹:"自主游戏太好了!""他们的孩子太厉害了!"——是自主游戏让教师们重新认识儿童,也是自主游戏让教师们慢慢学会放手,还孩子们自由。但是,"管住手,闭上嘴"远没有想象得那么简单,它代表的是教师对儿童的信任,是教师"信任儿童是有能力的个体"的儿童观在教育实践中的具体体现。

是的,我们可以借助于教师书写的"游戏故事",让教师们真正去发现儿童,并重新审视教育的适宜性。这本书里的每一个游戏故事都由三部分组成:

一是教师对于幼儿游戏活动的客观、具体的描述,也就是"学习故事"中强调的"注意"部分。教师能关注到幼儿那些令人欣喜的"哇"时刻、"魔法时刻",并描述出来。

二是对于幼儿游戏行为的解读,也就是"学习故事"中强调的"识别"部分,这是教师运用专业知识进行理性分析的部分。因为本书所选择的游戏故事相对复杂,所以选择了夹叙夹议的方式,把故事书写与解读分段融合在一起。

三是回应策略,也就是"学习故事"中强调的"回应"部分,即教师在面对幼儿如此的行为时思考后面该如何做,以更好地支持幼儿的发展。

山东省淄博市有多所幼儿园的自主游戏都开展得非常不错,本书选择的游戏故事均来自这些幼儿园。感谢这些幼儿园的教师们的付出,也感谢这些幼儿园的管理者们的支持。大家阅读本书时,不仅可以了解观察记录的书写,

前　言

感悟幼儿的学习和发展，同时也能了解自主游戏在幼儿园是如何开展的。

本书的游戏故事是从教师们撰写的众多游戏故事中挑选出来的。此外，还有很多个游戏故事没有被选上，并不是因为它们写得不好，而是受本书的篇幅限制，所以，还要感谢那些名字没有出现在本书里的教师们。

与中国轻工业出版社万千教育编辑部的高君女士合作已经很久了，每次的合作都让我感叹她的敬业、她的专业水准和她对于幼教工作的独特视角，感谢她每次提出的中肯的修改意见，是她让这本书越来越完善的。

感谢我的两位合作者——淄博市市直机关第三幼儿园副园长韩冰川女士和淄博市市直机关第二幼儿园副园长刘霞女士，本书既有她们自己撰写的游戏故事，又有她们为教师们反复修改的游戏故事，是她们的努力，让本书中的游戏故事显得这么有趣而又令人深思！

感谢每一位翻开这本书的教师，阅读其中的故事，相信会让你感到有趣、惊讶，会让你有所感悟并进行自我反思……同时，会让你不由地再次感慨：儿童真的是"成人之父"！教育不是无源之水，教育的"水"就是儿童，对于儿童认识和思考得越多、越深入，我们的教育就会越切合实际，越有效和高效。

董旭花

2015年9月于泉城济南

目 录

导　论　如何观察、记录、解读与回应幼儿的游戏活动……………………………001

小　　班

1. 受欢迎的便利店
　　——小班幼儿也具有独立解决问题的能力……………………………………025

2. 一起卖糖果
　　——在游戏中学会协商与轮换……………………………………………………029

3. 救救小鸭子
　　——有"缺陷"的材料能引发幼儿的深入探究…………………………………035

4. 围巾、挎包加手机
　　——幼儿具有灵活转换角色的能力………………………………………………039

5. 健健的游戏
　　——幼儿是自己的游戏设计师……………………………………………………044

6. 多变的纸箱
　　——自发的角色游戏是幼儿的最爱………………………………………………049

中　　班

7. 魔尺高手
　　——开放性材料让幼儿的创造力更强 ······ 059

8. 蝴蝶餐厅趣事多
　　——低结构材料可提高幼儿以物代物的能力 ······ 065

9. 豆豆补墙记
　　——在建构游戏中学习有计划地做事 ······ 071

10. 打仗的故事
　　——男孩子的游戏有男孩子的味儿 ······ 076

11. 我也想打弹珠
　　——在矛盾中习得交往的技巧 ······ 083

12. 拍球高手
　　——材料的创新组合让户外游戏更具挑战性 ······ 089

13. 好玩的小山坡
　　——一起解决问题的过程会激发幼儿的合作意识和创新能力 ······ 095

14. 夏日小凉棚
　　——幼儿具有令人惊叹的游戏目标和毅力 ······ 100

15. 滑梯变小床
　　——反复尝试会让幼儿体验到成功感 ······ 104

16. 好玩的滚桶
　　——创造性使用材料的能力在与同伴互动中提高 ······ 107

17. 柿子花蛋糕
　　——合作中的矛盾和问题正是幼儿成长的契机 ······ 112

18. 滚桶对抗赛
　　——关注公平会引发幼儿建构自己的游戏规则 ······ 116

大　班

19. 餐厅找钱
　　——在游戏情境中学习和发展 ………………………………………… 123

20. 争当收银员
　　——游戏中幼儿间的斗智斗勇 …………………………………………… 129

21. "爱请客"的小贝
　　——讨好教师的幼儿内心真正需要的是什么 …………………………… 132

22. 到底谁离开
　　——在冲突中守护公平与游戏规则 ……………………………………… 137

23. 精彩的演唱会
　　——自发的表演游戏让游戏情节更丰富 ………………………………… 140

24. 搭建纸盒城堡
　　——适度"示弱"给幼儿独立解决问题的机会 ………………………… 146

25. 鹅卵石搬家记
　　——准备材料的过程也是游戏 …………………………………………… 150

26. DUANG
　　——幼儿自创的游戏趣味盎然 …………………………………………… 156

27. 回家吧，器械朋友
　　——幼儿能够在多次尝试中找到最好的收整方法 ……………………… 161

28. 魔力"沙发车"
　　——简单的游戏中有不简单的发展内容 ………………………………… 167

29. 吊环上的对抗
　　——开展对抗性游戏需要规则的保护 …………………………………… 171

30. 麻绳秋千荡起来
　　——幼儿的内心都有一种执着追求成长的动力 ………………………… 177

31. 开着房车去旅游
——幼儿有自主解决问题的意识和能力 ············ 186

32. 奶昔小店
——幼儿有主动推动游戏发展的能力 ············ 192

33. 警察局里的故事
——自主游戏自然遵循幼儿自己的逻辑 ············ 198

混　　龄

34. 加油收费记
——在混龄游戏的同伴互动中获取经验 ············ 207

35. 交通关卡
——小孩子加入大孩子游戏的巧妙智慧 ············ 211

36. 马路上的红绿灯
——同样的游戏主题不一样的游戏内容 ············ 216

37. 修路
——生活中的事件常常会引发幼儿的游戏内容 ············ 223

导 论

如何观察、记录、解读与回应幼儿的游戏活动

在教师们所有要做的文案工作中,观察记录是其中较有难度的。笔者到各地幼儿园时经常被园长、教师们追问观察记录怎么写,怎么解读儿童,等等。这些年,笔者也看过教师们写的五花八门的观察记录。实实在在地讲,问题真的很多。有些教师没有认识到观察记录的重要性,只写三五句话敷衍了事;也有些教师会很"聪明"地从网上复制别人的观察记录用以充数;还有些教师写观察记录是眉毛胡子一把抓,写得像流水账一样,毫无意义;更多的教师是既认识到了观察记录的重要性,也能把叙事部分写好,但是不会解读,不能分析症结、寻找应对策略。所以,幼儿教师真的有必要好好思考一下,为什么要做观察记录以及如何做好观察记录了。

一、观察记录真的有那么重要吗

问教师为什么要做观察记录,对方回答:"园长让交的,这是工作考核的一部分。"问园长为什么要做观察记录,对方回答:"上面要检查的。"原来,教师做观察记录是为了应付园长布置的任务,园长则是为了丰富档案盒。那么,写完之后呢?教师们的观察记录干什么用了呢?如果仅仅是"沉睡"在档案盒里,那确实没有太大意义,写不写无所谓了。可是,真的写不写无所谓吗?

教育部于2012年颁布的《幼儿园教师专业标准(试行)》(以下简称《专

业标准》)第 29 条提出，教师应该"掌握观察、谈话、记录等了解幼儿的基本方法"。作为教师专业知识的一部分，教师应掌握不同年龄的幼儿的身心发展特点、规律，了解幼儿在发展水平、速度与优势领域等方面的个体差异，了解幼儿发展中容易出现的问题，掌握应对的策略与方法——所有这些，都有赖于观察。也可以说，没有观察就没有教师对于幼儿的了解，也就不可能有适宜的教育。

笔者曾经在一次有关观察记录的专题讲座开始前，张贴两张大纸：一张上面写着"懂得幼教工作"，另一张上面写着"懂得观察、解读幼儿"，请大家对照自己的情况如实画对勾，可以二者都选，可以二选一，也可以都放弃。结果发现，选择"懂得幼教工作"的比例为 85%，而选择"懂得观察、解读幼儿"的比例还不到 20%，这个数据在不同的地方会有差异，但是前者比例远远大于后者的结果却始终不变。

这就像我们去医院看病，医生说："我不会望闻问切（观察），也不会诊断你的病情（分析），但我会给你开药（应对策略）。"试问一下，哪位病人敢吃这药？——可为什么我们不会观察、不会分析幼儿，教育幼儿时却又是那么理直气壮呢？这或许能说明两个问题：第一，我们的幼儿教育专业性太差，幼儿教师的工作基本属于程序性工作，只要按照教育部门和幼儿园设定的程序或者按照教材上课即可。第二，我们的幼教行业门槛太低，即使专业知识和专业能力非常欠缺的人也可以来做幼儿教师，教养幼儿的过程基本靠程序、靠经验、靠惯性。教师们往往不承认第一点，他们会质疑：幼儿教育怎么可能靠程序工作？幼儿教育是科学，是艺术。那么，就只能是第二点原因了。《专业标准》指出，"幼儿园教师是履行幼儿园教育工作职责的专业人员，需要经过严格的培养与培训，具有良好的职业道德，掌握系统的专业知识和专业技能"。而离《专业标准》强调的素养，我们的幼儿教师们还有相当大的差距。

是的，我们的幼儿教师们掌握的系统的专业知识和专业技能中缺少了"观察幼儿"这一块，而这恰恰又是幼儿教师教育工作最基础的内容。孩子坐不住怎么办？孩子老打人怎么办？孩子感觉统合失调怎么办？孩子多动怎么办……所有的这些问题都与观察有关，如果教师不去观察幼儿，怎么知道如何指导幼儿？又怎么保证幼儿身心健康和谐地发展呢？

诺贝尔化学奖获得者居里夫人的女儿，曾把观察誉为"学者的第一美德"。苏联心理学家巴甫洛夫一直把"观察，观察，再观察"作为自己的座右铭，并告诫学生："不学会观察，你就永远当不了科学家。"我们是否也可以说，教师如果不学会观察，就永远当不了好老师，更甭说教育家了。

说到教育家，就不得不提苏联著名教育家苏霍姆林斯基和我国幼儿教育之父陈鹤琴先生。

苏霍姆林斯基被人们称为"教育思想泰斗"。他的书被称为"活的教育学""学校生活的百科全书"，他所领导的帕夫雷什中学被列为世界上著名的实验学校之一。苏霍姆林斯基在做帕夫雷什中学校长期间，经常带领教师了解和研究学生，定期举办研讨会，就某个学生的情况进行教育会诊。他本人亲自搞调查、做记录，深入研究了178名"最难教育"的学生的曲折成长过程。

苏霍姆林斯基身为一校之长，始终兼教一门课，兼任一个班的班主任。他先后教过3700名学生，对他们逐个观察、了解，写了3700页观察笔记，积累了丰富的实际工作经验。他数十年如一日，坚持白天听课、上课和做学生工作，夜晚分析、研究和整理材料，第二天早晨用三个多小时从事教育创作。在短短的一生中，他写了41部专著，600多篇论文，还为少年儿童写了大约1200篇童话、故事和短篇小说等。

陈鹤琴先生的长子陈一鸣于1920年12月26日出生，陈鹤琴将其作为自己实验与研究儿童心理的对象，对其从出生起的身心发展情况进行了连续跟踪观察和记录，并做了系统研究。"我一出娘胎、哇哇一叫，我的父亲就开始记录，记录我什么时候哭，什么时候笑，什么时候小便，什么时候会顽皮了。换句话说，他把我身心的发展都做了全面的研究，一共是连着808天。"（陈一鸣）

808天的连续跟踪观察、文字摄影记录及实验对比,创中国研究儿童之先河,研究成果《儿童心理之研究》《家庭教育》于1925年出版发行,奠定了陈鹤琴教育思想的基础,陈鹤琴先生也因此被誉为"中国的福禄培尔""中国幼教之父"。

了解是理解的基础,了解幼儿是教育幼儿的基础,是教师儿童观、教育观建构的基础。认真地观察和记录幼儿,可以帮助教师们真实地了解幼儿,了解他们喜欢做什么、能做什么,达到什么样的发展水平,有什么样的个性特点和学习风格,让教师们看到儿童的存在、儿童的价值。

在本书的每一个游戏故事中,你都能看到教师们由衷发出的感叹:

"看得出,今天乐乐和多多非常想参与到车类游戏中,在观望之后,他们竟然想出了一个奇妙的办法:设杆、加油、洗车、查证……从而巧妙地参与到大班孩子的游戏中。由此可见小班孩子想参与到哥哥姐姐的游戏中的执着,他们活跃的思维以及游戏的主动性、积极性。这让教师们不得不为之感叹。"(摘自任云丽的《交通关卡》)

"嘉嘉前后尝试了九次终于成功登上了秋千,这其中的坚持让笔者感动不已。当嘉嘉成功地站在秋千上的那一刻,他的内心一定充盈着一种无法言说的喜悦和力量。"(摘自韩冰川的《麻绳秋千荡起来》)

"今天在聪聪和禾禾的较量中,笔者意外地看到了聪聪的进步。他能够渐渐学会妥协,听从大家的建议,掉下来后退到队伍的后面,不但没有像以往那样发脾气、骂人、打人,而且还能在接下来的游戏中快乐地参与。这说明好玩的游戏和大家都坚持的游戏规则让聪聪慢慢地调整自己,学着去让步,学着去遵守集体制定的规则。"(摘自董乃凤的《吊环上的对抗》)

"在收放人字梯的过程中,轩轩一次次把梯子从倾斜调整到平衡,一次次探索搬运梯子的巧妙方法,并安全地把梯子运送到指定位置。这让我们深刻地感受到轩轩的运动智慧和自我学习能力,感受到轩轩不放弃、不气馁的顽

强的毅力。"(摘自周英、庞海燕的《回家吧，器械朋友》)

新西兰国家早期教育课程框架《Te Whāriki》理想宣言中有一句话时时刻刻都在笔者的脑海里回响，那就是："儿童是以有能力、有自信的学习者和沟通者的身份成长的。"认真地观察儿童和儿童的游戏，让我们越来越坚信这一点。

无论是观察还是记录涉及教师工作的方方面面，包括生活活动、教学活动、游戏活动、户外活动等，教师则需要根据观察到的信息资料调整环境、课程以及自己与幼儿互动的模式等。本书主要聚焦于幼儿的自主游戏，记录了37个幼儿园游戏故事，所以后面着重谈谈如何对幼儿的游戏行为进行观察与记录。

可以说，对幼儿游戏的观察体现了教师对幼儿的关注和尊重，体现了幼儿教师的专业理念与素养，也体现了一个有思想、会思考的专业工作者的独特视角。当然，观察也是审视教育环境、教育行为适宜性的主要依据。通过观察，教师可以判断投放的游戏材料、创设的游戏环境是否符合幼儿的发展特点和兴趣需要，应该做怎样的调整；在指导幼儿游戏时，如何把握介入的具体时机，选择怎样的介入方式是恰当的，等等。同时，观察可以为教师评价幼儿的发展提供具体、详细的资料，帮助教师发现幼儿游戏与幼儿成长中的闪光点和问题，并给予幼儿积极有效的反馈，以引领与支持幼儿的发展。

二、如何观察幼儿的游戏活动

观察是一种有目的、有计划、有方向且比较持久的知觉活动。教师对幼儿的观察伴随着幼儿园一日生活随时随地发生着。观察的种类很多，观察的内容也很繁杂。笔者经常听教师们说："我们每天也在看呀，怎么没看到什么呢？"是的，观察不等于简单地看看，要想改变现阶段教师对于幼儿游戏的"视而不见""弱视""近视"等现象，需要教师从很多方面下功夫。

（一）班级教师的合理分工

笔者经常会听到教师们抱怨没有时间观察。确实，如果不管幼儿，教师当然有时间观察、记录幼儿。可是，教师们不但要带班，要备课，要布置环境，还要做其他很多繁杂而又琐碎的工作……幼儿教师的工作真的是辛苦而又繁重！可是，如果观察、记录幼儿是幼儿教育核心工作的基础，那么教师就需要调整和管理好自己的时间，让每个时间段都高效运转。

1. 作为旁观者的观察

按照要求，一般每个班级会配备两名教师和一名保育员，两名教师采用轮流担任主班和配班的形式分工。如果是这样的话，配班教师就可以在配班的时间段里有意识地选择游戏区域或儿童个体进行有目的的观察和记录。配班教师可能不是每天都能如此，但每周至少可以保证一个小时的时间，之后再花点时间整理一下观察与记录到的信息即可。

2. 作为参与者的观察

教师在担任主班的时间段里同样可以进行有目的的观察，只不过因为在此期间要负责所有幼儿的生活活动和教学活动，所以观察起来有些困难，尤其是很难进行有目的的、系统的观察。这就要求主班教师事先确定好观察对象，采用记录表或便笺条的形式随机进行观察、记录。当然，也可以用手机拍录，之后再抽时间整理一下，这样更为便捷。

（二）观察什么

幼儿在室内和户外开展的游戏的种类不同、内容不同，教师观察的目标也不一样，所以观察的内容不能一概而论。一般来说，观察游戏，主要是观察游戏中的幼儿，主要内容包括以下几个方面：

- 游戏主题。即：幼儿游戏的主题是什么？是怎么确定的？主题与生活，

与主题教育教学有何关系？主题的稳定性如何，是怎么转移的？等等。

- 游戏角色。即：幼儿游戏中有角色分配吗？是怎么分配的？角色分配过程中是否有冲突？是怎么解决的？幼儿的角色意识如何？角色扮演的水平如何？等等。

- 对材料的选择和运用。即：游戏过程中喜欢选择和使用哪些材料？是怎样使用的？使用材料时是否表现出一定的创造性？是否有更多的以物代物的假想性游戏行为？是否能灵活地处理材料不足的问题？等等。

- 游戏情节的发展。即：幼儿游戏过程中有哪些情节变化？每次情节变化的诱因是什么？游戏内容是否丰富？等等。

- 游戏中的语言和交往。即：幼儿在游戏过程中的表达和交流如何？同伴关系如何？游戏中是主动的还是被动的？遇到矛盾冲突时有什么表现？是否能采用协商、轮流、适当妥协等方式化解矛盾？等等。

- 游戏的持续时间与游戏兴趣。即：幼儿的游戏时间持续的长短如何？持续多久后开始转移的？游戏过程中表现出的投入程度如何？等等。

- 对游戏规则的理解和遵守。即：幼儿在游戏过程中是否能控制自己，自觉地遵守游戏规则？若因为缺乏规则导致发生冲突，幼儿是否能通过协商来确定游戏规则？幼儿能否坚持遵守规则？等等。

如果是旁观者的观察，还需要对以下内容进行观察：

- 游戏场地与空间。即：幼儿的游戏发生在什么样的场地上？空间是否拥挤？周围是否有能让幼儿分散注意力的物品、人物或声音？等等。

- 游戏材料。即：游戏环境中提供的玩具、材料有什么？种类和数量如何？放置的位置合适吗？是否有取放和使用的限制？等等。

- 游戏时间。即：本次游戏时间的长短如何？游戏前的计划交流，游戏过程，游戏分享各占多少时间？每天、每周的游戏时间各占多少？等等。

- 游戏中教师的介入以及介入后对幼儿游戏的影响。即：在游戏过程中是

否有教师介入？是什么时间以什么方式介入的？教师介入之后幼儿的游戏有什么变化？等等。

（三）游戏观察的基本方法

在观察幼儿的游戏时，教师可以采用以下几种方法：

1. 扫描观察法

扫描观察法，是指在固定的时间段里对幼儿依次进行轮流观察。这种方法可以帮助教师粗线条地了解全班幼儿的游戏状况。使用这种方法时，教师应保证所有的幼儿均在自己的视线范围内。一般先设计好表格，教师每隔一段时间（如10分钟），在表格内做记号即可。

2. 定点观察法

定点观察法，是指选择某个区域进行一段时间系统、细致的观察，观察对象包括此区域内的所有幼儿或部分幼儿。这种方法比较适合教师想要了解某个区域幼儿游戏的全过程，以便把握幼儿游戏的兴趣、水平、特点和个体差异等。

3. 追踪观察法

追踪观察法，即定人观察法，是指明确某个幼儿作为观察对象之后，幼儿走到哪儿，教师就跟踪到哪儿，并进行系统、细致的观察。这种方法有助于教师了解个别幼儿的游戏状态，是进行个案研究最好的方法。

（四）游戏观察应注意的问题

教师在观察幼儿的游戏活动时，应注意以下几点：

- 根据观察目的确定观察对象，选择适宜的观察方法。
- 确保幼儿有充足的游戏时间和游戏材料，以呈现其真实的游戏状态。
- 应持续观察，以确保能观察到幼儿典型的游戏行为和持续的发展过程。
- 应尽可能减少教师对游戏的控制和干预，确保幼儿游戏的自然状态。

三、如何记录幼儿的游戏活动

观察记录是指选取有典型意义的事件写下来，以期对幼儿的发展有更深入的理解，并审视环境和教育的适宜性。教师撰写观察记录的关键是能否抓住有"典型意义"的人或事，并认真、细致地观察，再客观、详尽地描写出来。

（一）观察记录书写的基本方法

书写观察记录的基本方式就是叙事，即从头到尾客观地描述一件事情的发生、发展过程。本书选择的游戏故事都是采用这种方式描述的。游戏故事可长可短，描写应有重点，详略得当，突出有"典型意义"的事件，不要写"流水账"。

观察记录在书写的时候可以采用"叙述+分析+反思"的三段论式，也可以采用"夹叙夹议+反思"的两段论式。笔者的上一本书《幼儿园区域活动现场指导艺术：透视38个区域故事》和本书均采用了第二种方式。如果故事相对简单，描述也很简短，可以采用第一种方式；如果故事较长，情节较复杂，采用第二种方式会更轻松一些。

如果是结构式观察，一般会采用图表的形式进行记录（见下表）。

游戏区对幼儿的吸引力观察记录表

游戏区	位置	面积	材料	参与人数	使用材料	持续时间	备注
角色游戏区							
结构游戏区							
表演游戏区							
……							
……							

考虑到幼儿教育工作的复杂性和特殊性，幼儿教师在做观察记录时还可以采用以下几种较为便捷的方式。

1. 图片故事记录

图片故事记录，是指教师通过图片来反映幼儿的游戏过程。为方便大家阅读，教师可以在每幅图片下面写上几句话。

2. 便笺条记录

便笺条记录，是指教师在带班期间随身携带一个便笺本，将对幼儿的观察随机记录在便笺条上，之后有时间可以整理一下，没有时间，也可以将其当作非正式的观察记录。

3. 视频、录音记录

视频、录音记录，是指教师把幼儿的游戏过程录下来，当作游戏资料保存起来。原来我们一直把视频和录音当作记录的辅助工具，其实，视频和录音本身就是记录的一种方式，而且是最真实、最形象的一种记录。如果做观察记录不是为了给别人凑数或者保存在档案盒里以备检查，那么，采用视频、录音的方式记录更有助于研讨和交流。

（二）观察记录的一般构成

如果采用叙事的方式做观察记录，一篇观察记录应该包含以下几个要素。

1. 观察记录名称

就像写作文需要一个题目一样，观察记录也需要一个题目，但题目不要起得太大，且应具有一定的指向性，如"鹅卵石搬家记""开着房车去旅游"等。笔者曾经看到有些教师的观察记录，起名叫"户外游戏观察记录""孩子们的表演游戏"等，这样的题目就太笼统，且没有具体的指向性。

2. 观察目的

现阶段，幼儿教师写的观察记录存在的比较突出的问题是缺乏观察的目的性，比较随意。这说明教师在做观察记录时是孤立于课程之外的，并没有

把观察记录与幼儿评价、环境材料投放、教师指导、教学计划等联系起来，也没有利用好观察记录进行有效的教研活动，以更好地改进教育教学工作。

例1：

观察目的：益智游戏区新投放的五子棋材料的适宜性。

做观察记录时可以记录每天来玩的幼儿人数、幼儿持续玩的时间、幼儿的玩法、幼儿玩的过程中遇到的问题，以及他们解决的办法，等等。连续观察3～5天后就可以评判五子棋材料的适宜性。

例2：

观察目的：小班幼儿以物代物的表征能力的发展。

做观察记录时可以选择娃娃家、小餐厅等角色游戏区，观察幼儿如何使用身边的物品，观察他们寻找的替代物与真实物品的相似度，以及是否会一物多用、以虚代实，等等。

例3：

观察目的：建构游戏区教师介入指导的适宜性。

做观察记录时可以选择建构游戏区，记录教师介入前后幼儿的游戏状态，以及教师介入的具体时机、具体方式等。

3. 观察时间、地点

记录观察时间有助于教师更好地评价幼儿在游戏中的行为。比如，9月份的观察记录，记录的可能是一个刚入园的幼儿；而6月份的观察记录，记录的可能就是已入小班近一年，将要升中班的幼儿。虽然都是小班的幼儿，但他们的行为表现可能差异巨大。之所以记录观察地点，是因为这是幼儿的游戏行为发生的背景之一，而幼儿在室内和在户外的游戏行为也有很大的差异。

4. 观察对象、观察人或记录人

教师在写观察记录内容之前写上观察对象、观察人或记录人，有助于别人一目了然地了解观察记录的基本信息。

5. 观察内容

观察记录的内容是观察记录最核心的部分，教师应客观、准确地描述幼儿游戏的全过程。

6. 解读幼儿行为

客观描述幼儿的游戏之后，教师应对幼儿的行为进行专业的分析，这个过程需要教师运用儿童发展心理学理论和相关的教育理论。对于很多教师来讲，这可能有些难度，却是做好观察记录必需的一部分。记录不是为记录而记录，而是为了更好地了解、评判幼儿的发展，以便为其提供更适宜的课程和教育策略。

7. 反思

在解读完幼儿的行为之后，教师应该对自己创设的环境、提供的材料、介入的指导等进行反思，寻找存在的问题，并探寻后面继续支持幼儿发展的具体策略。在笔者的上一本书《幼儿园区域活动现场指导艺术：透视38个区域故事》中，因为笔者是作为旁观者在观察教师和幼儿的区域活动，所以我们把这一部分称之为"给教师的建议"。本书中，我们将其称为"回应策略"，强调教师应该更多地思考如何更好地支持和引导幼儿的发展。

（三）观察记录书写应注意的问题

1. 系统、完整，有逻辑、有重点

观察记录应该描述一个完整的故事，并能反映幼儿典型的游戏特点或发展特点。

中班建构游戏区的观察记录

本次要搭建的作品是立交桥，孩子们在搭建前经过协商，确立了自己要搭建的立交桥的层数。游戏开始六七分钟后，我再次进入搭建区，发现孩子们各自搭建了一座立交桥，但是立交桥间没有交集。孩子们全然不知他们的

立交桥存在着问题，还在很开心地继续搭建自己的桥，让桥拐弯、升高……

上面这个案例中，教师在描述时缺乏游戏背景、游戏主题的来源、游戏情节的发展，甚至没有具体的观察对象和幼儿搭建的具体行为。

2. 描述清晰、有条理，详细、准确

叙事很关键的一点就是要让别人看明白，所以描述得清晰、有条理很重要。同时，如果能描述得比较详细、准确，就更容易凸显事件的意义。

大班表演游戏区的观察记录

表演与模仿深受孩子们的喜爱。现在孩子们在家看电视、玩计算机多了，他们内心一直很渴望走到动画片、电视剧描绘的场景里面去，但是没有这样一个表演的机会。我们班级的表演游戏场地上有着各种适合表演打扮的材料，这些都是孩子们非常喜爱的。每当户外活动时，孩子们就会自己打扮起来与小伙伴们一起玩游戏。孩子们的喜好千差万别、各不相同，有的孩子喜欢模仿荧屏里的人物，有的孩子则喜欢模仿生活中的人物，他们开起了饭店，分别扮演厨师和顾客……在这个快乐的表演活动中，孩子们体验着表演带来的快乐，也更加熟悉了生活中的事物，满足了表现欲。

上面的案例描述的内容很多，但是认真读下来，却发现好像什么收获也没有。从这篇观察记录中，我们无法了解表演游戏的具体材料投放、参与此次表演游戏的幼儿、选择的表演主题、游戏过程……所以，缺乏清晰、有条理、详细、准确的描写就可能失去观察记录的意义。

3. 真实，非主观判断，无偏见

观察记录最有价值的一点就是客观记录幼儿在幼儿园的活动过程，以此帮助教师和家长评判幼儿的发展，反思教育的适宜性。

多动的恒恒

游戏活动时间，恒恒和其他小朋友一样做游戏，但是常常注意力不集

中，要么突然就去推旁边的小朋友，要么就大喊大叫，打扰其他的小朋友玩，导致其他小朋友不停地来找教师告状。玩完玩具，他也不收起来，胡乱地扔在原地就跑了。

上面的案例来自一位实习教师所做的观察记录，整篇观察记录描述了一个名叫恒恒的幼儿在教学活动、生活活动、游戏活动、户外活动等各个环节的表现，表明恒恒是一个"多动"的孩子。从节选的这一部分观察记录可以看出，该教师是带着一个"多动"的标签去看恒恒的，而且缺乏很多基本信息的描述，不太像观察记录，更像是评语。

4. 符合基本的伦理要求

如果要对外发表观察记录或把观察记录上传到网络上，那么教师一定要记住：记录中涉及的幼儿要匿名，要注意保护幼儿；如果要使用幼儿的照片，请一定征得幼儿家长的许可。当然，若仅仅是在园内交流，或者与该幼儿的家长交流，那就无所谓了。

四、如何解读幼儿的游戏活动

所谓解读，是指透过幼儿的游戏行为分析、评判幼儿的发展及其缘由。

会观察的教师一定能通过幼儿的行为、语言和对材料的使用情况，比较准确地判断幼儿的动作、语言、认知、情绪情感、社会性等方面的发展水平和发展的个体差异。

关于对幼儿游戏活动的解读，教师们可以参考《上海市学前教育课程指南（试行稿）》（上海教育出版社，2004年版，第14页）中的"游戏观察要点及发展提示"（见下表）进行对比分析。

游戏观察要点及发展提示

	观察要点	发展提示
表征行为	能否清楚地分辨自我和角色及真和假的区别	自我意识
	出现哪些主题和情节	社会经验范围
	动机出自物的诱惑、模仿、意愿	行为的主动性
	行为仅仅指向物还是指向其他角色	社会交往与语言表达
	行为指向哪些相对应的角色	社会关系认知
	行为与角色原型的行为、职责的一致性程度	社会角色认知
	同一主题情节的复杂性和持久性	行为的目的性
	行为是以物品为主还是以角色关系为主	认知风格
	是否使用替代物进行表征	表征思维的出现
	同一情节中是否使用多物替代	想象力
	替代物与原型之间相似的程度	思维的抽象性
	用同一物品进行多种替代	思维的变通和灵活
	用不同物品进行同一替代	思维的变通和灵活
	对物品进行简单改造后再用以替代	创造性想象
构造行为	关于结构材料拼搭插接的准确性和牢固性	精细动作与手眼协调
	关于造型是先做后想,还是边做边想,或先想好了再做	行为的有意性
	构造哪些作品	生活经验
	是否按一定的规则对材料的形状、颜色有选择地进行构造	逻辑经验
	注重构造过程还是不同程度地追求构造结果	行为的目的性
	是否会使用多种不同的材料搭配构造	创造力与想象力
	构造作品外形的相似性	表现力

续表

	观察要点	发展提示
构造行为	构造作品的复杂性	想象的丰富性
	是否能探索和发现材料特性并解决构造中的难题	新经验与思维变通
合作行为	独自游戏，平行游戏还是合作游戏	群体意识
	更多主动与人沟通还是被动沟通	交往的主动性
	更多指示别人还是跟从别人	独立性
	是否会采用协商的办法处理玩伴关系	交往机智
	是否会同情、关心别人和博得别人的同情与关心	情感能力
	交往合作中的沟通语言	语言和情感的表达与理解
	是否善于调整自己的行为以适应他人	自我意识
规则行为	是否能爱惜物品，坚持整理玩具，物归原处等	行为习惯
	是否使用一定的规则解决玩伴纠纷	公正意识
	是否喜欢规则游戏	竞赛意识
	是否自觉遵守游戏规则	规则意识
	是否创造游戏规则	自律和责任
	游戏规则的复杂性如何	逻辑思维

对于角色游戏和表演游戏的分析应更多地关注幼儿的表征行为，对于建构游戏的分析应更多地关注幼儿的构造行为，而合作行为和规则行为则是所有游戏都应该关注的。

如果是旁观者做观察记录，还可以分析游戏环境（包括游戏空间、游戏材料、游戏时间等）和教师介入指导的适宜性。

对于幼儿游戏特点和发展的分析，教师还可以从以下几个方面寻找支持：

- 结合《指南》《纲要》的精神和要点进行分析。
- 结合幼儿的心理年龄特点进行分析。
- 结合教育理论、游戏理论进行分析。
- 结合幼儿的成长背景进行分析。
- 结合幼儿的课程经验和生活经验进行分析。
- 纵向对比进行分析。
- 横向对比进行分析。

五、如何对观察记录进行反思

反思是幼儿教师对自己教育工作的思考，即面对幼儿的种种表现，思考自己的工作存在哪些问题，后面该如何调整以更好地支持幼儿的发展，等等。所以，对观察记录进行反思应该包含两个方面：一是对以往自己工作的再审视，寻找问题；二是对未来工作的谨慎思考，探寻应对的策略。

幼儿教师的反思可以围绕以下几个方面进行：

- 对自己的儿童观、教育观、游戏观进行思考。
- 对引领方向、发展目标进行思考。
- 对游戏环境、材料调整进行思考。
- 对游戏支持策略进行思考。
- 对游戏与主题教学的关系进行思考。
- 对家园共育进行思考。

反思部分在本书中呈现为"回应策略"，更强调教师在幼儿游戏时不是仅仅管住手、闭上嘴，而是应该思考作为"支持者、合作者、引导者"的角色

该如何发挥作用。

六、如何支持教师做好观察记录

笔者经常听到教师关于观察记录的抱怨、申诉,这里涉及两个层面的东西,一方面教师需要接受相关的学习、培训,以提升自己的能力,胜任观察记录的书写;另一方面与技术无关,但更复杂,会影响到教师书写观察记录的积极性和主动性。

(一)观察记录的使用

在教师写完观察记录之后,一定要让他们感觉到自己写的东西是有用的,而不是仅仅交给园长做个记录、批个"阅"字就"沉睡"在档案盒子里了。观察记录可以应用在以下几个方面。

1. 教师之间的交流和研讨

如果是有目的的观察记录,那么教师们可以围绕观察目的,交流各自的观察记录。幼儿园每学期都应该安排几次围绕观察记录开展的教研活动。此外,案例研讨式教研活动的案例均可来自教师的观察记录。

2. 调整环境与课程的依据

幼儿园室内外环境的调整、游戏材料的投放、园本课程或园本化课程的建设都应该从幼儿的实际出发,而教师撰写的观察记录就真实地反映了幼儿的需要、兴趣、发展特点和水平,所以,观察记录是幼儿园调整环境与课程的依据。

3. 评价幼儿的发展,作为幼儿成长档案袋重要的组成部分

观察记录是用叙事的方式记录幼儿的表现,而解读就是对幼儿发展状况的评价。这样的评价更真实,更具有客观性、针对性、实效性,可以帮助教师摒弃那种"评语式"或以"分数"高低为标准的简单而无效的评价方式。

当然，把观察记录放进幼儿的成长档案袋，也是其中最具有专业性的材料，最受家长欢迎。

4. 用于家园沟通

笔者经常听到教师们关于现阶段家园沟通难的抱怨。想想也确实不易，一方面家园沟通是一门学问，年轻教师需要学习和积累经验；另一方面可能也与教师专业权威的形象没建立起来有关。而高水平的观察记录有助于提高教师的专业地位，用于家长会、半日开放活动、家访、家园沟通栏等都会更有效地增强家园沟通的实效。

5. 作为班级故事与孩子分享

去掉观察记录中的解读和反思部分，教师配合图片或视频讲述的游戏故事可能会成为孩子们喜欢的自己的故事。会讲故事的教师善于调动幼儿的积极性，因此游戏故事讲述的过程也会成为师幼共享的美好时光。

（二）幼儿园管理者应给予教师的支持

做观察记录可以帮助教师更好地了解幼儿，把握环境与教育的适宜性，提升教师的专业素养，树立教师的专业权威形象。不过，要想让教师自觉地做好这项工作，管理者还需要给予以下几方面的支持。

1. 班级保持合理的师生比

大班额的情况下，教师确实很难在兼顾幼儿管理、教养的同时做好观察记录。其实，班额过大带来的问题，绝不止于此。甚至可以说，没有合理的师生比，就没有保教质量。

2. 帮助教师缓解安全责任带来的压力

和教师们交流时，他们经常会提到因为顾虑安全问题，无法静心观察幼儿。其实安全带来的压力，还表现在教师对于幼儿活动的种种束缚方面，导致很多幼儿园的自主游戏几乎是空白，任何有点挑战性的设施设备都不敢配备，即使幼儿园有，教师们也不敢放手让幼儿玩。

3. 保障科学而合理的游戏环境、材料及时间

要想让教师们观察到幼儿在自主游戏中的发展，幼儿园首先要保障幼儿自主游戏的基本条件，包括户外和室内的充足的游戏场地、玩具、材料，以及一日活动中，幼儿有充足的游戏时间。

4. 建立合理的幼儿园评价和激励机制

无论是对教师工作的评价，还是对幼儿的评价，幼儿园都应该把游戏作为重要的评价内容包含进去。对教师的评价应注重过程性评价，注重教师在游戏环境创设、游戏过程观察与指导、游戏研究方面的投入，同时要建立良好的激励机制。

5. 减少幼儿学业课程带来的压力

只有幼儿园管理者转变教育观，树立良好的游戏观和课程观，减少幼儿的学业课程，真正把游戏纳入幼儿园课程的范畴，幼儿的游戏才会真正得到保障，教师也才可能关注、观察和研究幼儿的游戏。

6. 组织适当的培训和教研

教师的专业发展是一个漫长的过程，需要教师在实践中不断地反思与积累，更需要他们不断地进行学习与培训。管理者应该为教师们提供各种学习与培训的机会，有针对性地提升教师们的观察技能以及解读幼儿行为的能力。除了学习与培训，园本教研也极为重要。围绕"观察和解读幼儿"的专题，幼儿园可以定期组织各种教研活动，通过集体的智慧激荡，提升所有教师的实践智慧。

7. 布置合理的教师文案工作量

现阶段，幼儿园教师的负担已经有越来越重的趋势，因此尽管做观察记录很重要，但也应该以不增加教师的负担为前提，不要让教师产生逆反心理。有些幼儿园要求教师书写的文案工作种类很多，如观察记录、个案研究、教育日志、教育故事、教育反思等。其实，这些工作有很多相似之处，可以合并、压缩，以减少教师强制性的文案工作，因为让教师更多地体会到职业幸福感

更重要。

8.帮助教师合理安排时间，减少教师们的事务性工作

大多数幼儿园教师每日在园的工作时间为 9～10 个小时，已经超出正常 8 个小时的工作时间。所以，我们不主张再让教师们利用休息时间加班书写观察记录。这就需要管理者帮助教师合理安排主班和配班的时间，以及配班期间的工作内容，减少教师们与幼教工作无关的事务性工作，减少仅仅为应对上级领导检查而进行的无意义的工作，从而让教师们有时间静静观察、思考和研讨幼儿教育。

小班

1. 受欢迎的便利店
——小班幼儿也具有独立解决问题的能力

观察时间：4月
观察地点：室内角色游戏区
观察班级：小班

室内游戏的时间到了，五名幼儿争先恐后地争抢便利店服务员的角色，有的搬着椅子往里挤，有的直接冲进去，互不相让。泽泽在后面怎么也挤不进去，便哭了起来，他边哭边寻找教师的身影，见教师站在原地没有任何反应，便哭着主动走上前说："老师，我想进去当服务员，他们不让我进。"教师轻轻地拍着他的肩膀说："泽泽是个遇事动脑筋想办法的孩子，我相信你会有办法的。"泽泽擦擦眼泪点点头，朝便利店走去。

争抢角色、互不相让、以哭为手段寻求帮助等是小班幼儿在游戏过程中较为常见的行为，这是由小班幼儿的年龄特点和发展水平决定的。泽泽见自己抢不到服务员的角色哭了起来，并试图寻求教师的帮助，在这期间他还不时地关注着便利店的情形。虽然没有得到教师的帮助，但他仍然坚定不移地返回便利店，明显可以看出泽泽对便利店的钟爱。

此时，琪琪和彤彤已经进入便利店开始工作，其他争抢的小朋友也已经作为小顾客在选购食物了（见图1-1）。泽泽站在一旁看了一会儿，擦干眼泪哽咽着自言自语道："今天我就先当顾客吧！下次让我来当服务员。"服务员琪琪听到泽泽的话，笑眯眯地回应道："行，下次你来当服务员。现在，你想买

图 1-1

什么？"泽泽说："买水饺吧，我爱吃！"说完他端着一碗水饺来到"休闲吧"，开始乐滋滋地享用自己的美食。

泽泽虽是小班的孩子，但他具有一定的观察能力和自我疏导能力。在争抢角色受阻后，受其他小朋友的启发，他很快就找到了适合自己的角色，成功地留在自己喜欢的便利店并乐在其中。看得出，遇到问题时哭着找教师只是孩子的一种下意识的反应，当没有人提供帮助时，小班的孩子也是有一定的自我调节和解决问题的能力的。

这时，便利店里又一次传来争吵的声音："我先来的！""我先来的！""你让让，我的蒸包还没拿出来。""我家的宝宝要吃水饺（娃娃家的爸爸也来买水饺），都哭了，我先买吧！"互不相让的镜头又一次出现了。孩子们不时地回头看看教师，教师还是没有作声。虽然两位服务员忙得不可开交，但还是有顾客一直在催促（见图1-2）。服务员彤彤手忙脚乱地给顾客们取东西，可服务员琪琪却停下了手里的工作对顾客们说："都别吵了，再这样，不卖了，排好队才开始卖。"听她这么一说，彤彤也放下手里的工作坐了下来。顾客们见状纷纷说："我站在这一旁先看看。""看好的排队买。"……见到小顾客们开

小　班

图 1-2

始排队，服务员们又开始了正常的工作。

> 小班的孩子生活经验有限，规则意识比较差，因此在游戏参与人数多的时候大家都各自为战，还没有排队的意识。遇到问题后琪琪不是束手无策，而是积极思考，很快想出了解决问题的办法，并与顾客们进行了有效的沟通与交流，顾客们也在琪琪的提醒下开始排队，有了一定的秩序。服务员彤彤应对问题的能力显然要弱一些，起先，不管其他孩子怎样，她一直沉浸在服务员的角色当中；后来，在同伴的影响下，她才意识到了存在的问题，并与同伴一起面对。可以看出，在自主游戏的过程中，孩子们能够积极调动原有的经验来解决问题。同时，该游戏还可以培养幼儿排队、礼让等意识，帮助他们潜移默化地习得一定的社会行为规则。

便利店的生意越来越好，前来买东西的顾客虽然很多，但大家开始自觉排队，不再拥挤。娃娃家的妈妈洋洋来买水饺，服务员不假思索地把一盘水饺都给了洋洋，洋洋端着水饺提着篮子来到"休闲吧"，用手一个一个把水饺抓到篮子里。抓了几个后，洋洋好像意识到了什么，提着篮子来到加工坊找了几根小棍比来比去，最后选择了两根一样长的小棍返回"休闲吧"（见图1-3）。

这时，便利店的服务员琪琪看到了，急忙找来一把勺子递给洋洋（见图1-4），洋洋回绝道："不用了，我用筷子就行。"

图1-3

图1-4

孩子们在游戏中的学习是无时无刻不在进行的。有了前面排队的经验，后来的顾客不用提醒就会自觉排队；娃娃家的妈妈洋洋也将自己的生活经验迁移到游戏中，让娃娃家游戏和便利店游戏产生了很好的联动。最初，洋洋无意识地用手抓水饺，但很快她就开始主动寻找两根一样长的小木棍作为筷子的替代物。此外，服务员琪琪的细致观察和主动交流，以及洋洋礼貌的回应，都让我们感受到了孩子们在游戏中的收获和发展。

回应策略

（1）利用游戏中发生的小故事，组织幼儿进行讨论和交流，帮助幼儿寻找更多的解决问题的办法。小班幼儿在游戏中经常会因为争抢游戏角色和玩具等而发生冲突，这是因为他们还处于以自我为中心的阶段，缺乏与他人交往的技能。教师可以利用游戏中发生的小故事，组织幼儿结合游戏情境进行讨论和交流，帮助幼儿获得一些粗浅的交往技能，提高他们自主解决问题的能力。

（2）提供低结构材料，发展幼儿以物代物的能力和水平。 当游戏材料过于逼真和单一时，幼儿的游戏会比较单调；相反，多提供一些低结构材料，有时候甚至是材料的缺乏，会引发幼儿主动寻找替代物，继续进行合理的游戏。案例中，洋洋就是自己发现了没有筷子以后，很快地找到了替代物的。游戏中教师应允许幼儿主动寻找和发现材料，并引导幼儿合理地使用材料，逐步提高他们以物代物的能力。

（3）教师适当退后，发挥同伴的作用，让幼儿在与同伴的互动中获得经验。 本案例中，教师在幼儿两次遇到问题时都没有干预，由此让我们看到了小班幼儿自主解决问题的过程和能力。所以，自主游戏中教师应该适当退后一些，鼓励幼儿多与同伴进行交往和互动，逐步获得有关交往、规则、礼貌待人等方面的经验。

（山东省淄博市科技苑幼儿园 孙雪婷）

2. 一起卖糖果
——在游戏中学会协商与轮换

观察时间： 6月

观察地点： 室内角色游戏区

观察班级： 小班

游戏活动中，笑笑选择了包糖果的材料。只见他将一颗由圆形太空泥做成的糖块放在长方形的糖纸上，用两手的大拇指和食指将糖纸的两条长边对捏在一起，然后同样用两手的大拇指和食指捏住糖纸的两条短边，一手向前一手向后拧了起来。看到糖纸没有把糖块全部包裹住，他就打开重新包，直到完全包裹严实为止。就这样，一块、两块、三块……笑笑包得很认真。

这时，原本在玩串珠游戏的小罗被笑笑包的色彩鲜艳的糖果吸引了（见图2-1），也加入到了包糖果的行动中。小罗同样用两只手的大拇指和食指捏住糖纸包糖果，但糖果总是不听话地掉出来，即便没有掉出来也露在糖纸的外面。但小罗不在意这些，只顾自己忙活着。盒子里包好的糖果越来越多，几分钟以后，所有的糖果都包完了。小罗对笑笑说："我们去卖糖果吧！"笑笑笑着说："好的！"

图 2-1

从包糖果的动作来看，笑笑和小罗已经掌握了包和拧的动作技能。从包、捏、拧的动作中也可以看到，他们手部小肌肉的运动很灵活。因为包糖果的材料本来就是孩子们喜欢的，而且有一定的游戏情境，因此他们包得专注而有耐心。笑笑是个追求完美的孩子，总是把糖果包得严实才可以，而小罗就不太注意细节，只追求最后的结果。但是，小罗在包完糖果后想出了卖糖果的游戏，说明他的想象力丰富、有创意，这也与他的已有经验有关。

商量好后，两个人一起出发了。看到教师在手工坊旁边站着，小罗就抢先端着盒子主动走到教师跟前推销起来（见图2-2）。

小　班

图 2-2

小罗说:"老师,你吃糖果吗?这是我们自己包的糖果,可好吃了!"

教师问道:"嗯,一看就很好吃,是什么味道的?"

笑笑说:"有苹果口味、草莓口味……"

还没等他把话说完,小罗就抢话道:"还有巧克力味、柠檬味、小酸酸味。老师,你吃哪一颗?"

教师挑了一块用金黄色糖纸包得很整齐的糖果拿在手上说:"就这块吧,多少钱?"

笑笑说:"五块钱。"

教师赶紧把糖果放下说:"哦,太贵了,我不要了。"

小罗一看马上说道:"不对,不对,是一块钱,老师,这糖果可甜了,也不贵。"

于是,教师把糖果拿起来,打开糖纸假装把糖块放到嘴边,可小罗却笑嘻嘻地说:"老师,你可别真吃啊,这是用太空泥做的,你假装吃就行。"教师点点头,微笑着"吃"起了糖。

一般说来,小班孩子游戏的随意性较强,但是真没想到,这两个孩子能够这么主动、执着地玩起了"卖糖果"游戏。两个孩子中,小罗的语言表达能力较强，能主动与他人交流，也能把自己的意思表达得非常清晰；同时，他的思维也特别灵活，发现教师对糖果的价格不满意后能够马上进行调整，主动把糖果的价格从5元降到1元，说明他已经能够很好地分辨5以内数的大小。在游戏过程中，教师一句简单的提问——"是什么味道的"，调动了两个孩子关于糖果的口味的原有经验，促使他们开始想象自己包好的糖果的各种口味，游戏情节也因此变得有趣和复杂起来。

这时，一直站在旁边的笑笑对小罗说："小罗，这是我包的糖果，让我卖一会儿吧！"小罗用身体挡了笑笑一下，并将糖果盒藏在身后。笑笑再次伸手拿，他再往后藏一藏，就这样来回争执了三次。笑笑很委屈地看着教师说："老师，这是我包的糖果，小罗不给我了。"教师看向小罗，只见小罗把头扭向一边，不辩解，但也不妥协，游戏进行到这里陷入了僵局。

大概是看到了教师和小罗比较有趣的互动，笑笑终于忍不住，也想主导"卖糖果"游戏了。值得高兴的是，笑笑没有向强势的小罗一味让步，而是勇敢地表达自己的想法。在遇到问题时，他也没有仗着自己身体、年龄上的优势选择用暴力去解决，而是尽可能与小罗进行沟通，这对于一个小班的孩子来说尤为难得。在三次争取失败后，他选择了向教师求助，说明他知道在必要时寻求别人的帮助。而小罗在整个矛盾纠纷过程中，表现得很强势，也很固执，这可能与他的年龄特点有关系。他比笑笑小整整一年，他的身上还带着小班幼儿非常明显的"以自我为中心"的特点，不会主动考虑他人的感受，这也是很正常的，是可以理解的。

教师看着他们两个问道："我知道你们两个都很想去卖糖果，可糖果盒只有一个，你们有什么好办法让两个人都高兴吗？"

笑笑不自觉地将手指放到了嘴巴里开始啃咬。

小罗想了想，转过身看着笑笑说："笑笑，我们一人卖一会儿吧！"

笑笑说:"好吧!"

小罗接着说道:"要不,你先卖,一会儿再让我卖,行吗?"

听到小罗的提议,笑笑很开心地答应了。小罗终于把糖果盒给了笑笑(见图2-3),然后在教师身边跟教师聊起了天。过了大约三分钟,他跑到班里的钟表前看了看,然后问教师:"老师,现在几分钟了?"教师回答道:"三分钟。"他马上跑到笑笑跟前跟他不知说了句什么,笑笑非常痛快地把糖果盒给了小罗,又去拿别的材料玩了。小罗则满教室里叫卖起来,玩得不亦乐乎。

图 2-3

在笑笑向教师求助后,教师选择了适当介入。看得出,教师提出的问题引发了两个孩子的思考:笑笑开始啃咬手指,说明他虽然求助了,但对于能否顺利解决问题心里没底,比较焦虑;原本比较强势的小罗这时显出了他思维的灵活性,开始主动出主意解决问题,而且把游戏的机会首先让给了笑笑。这也再次说明,游戏中的争执并不是因为孩子所谓的"自私",而是由孩子的年龄特点导致的。只要教师引导得法,孩子们完全能够学会友好相处的交往技巧。小罗年龄虽然比较小,但做事的目的性很强,对于商量好的3分钟之后互换的规则,他一直记在心里;而笑笑对于两个人定好的交换规则也愉快地遵守着。就这样,两个孩子都高兴地体验了游戏过程,并在这个过程中学会了协商、交换、轮流等交往技能。孩子们在游戏中自然获得的这些经验,将会对他们以后的交往行为产生正面的影响。

回应策略

（1）**共享笑笑和小罗的经验,鼓励幼儿进行更多的共同游戏。**笑笑和小罗在卖糖果风波中采用了协商、交换、轮流的方法,使游戏得以顺利地进行。这些经验对于小班孩子来说是非常宝贵的。在游戏之后的分享环节,教师可以请语言表达能力较强的小罗给小朋友讲一讲游戏中发生的事情,为其他小朋友提供遇到此类问题的解决方法,以便更好地开展共同的游戏。

（2）**创设糖果店,开展创造性游戏。**小班幼儿对糖果特别感兴趣,教师可以在班内创设一个糖果店的角色游戏区,供幼儿在里面开展制作糖果、包装糖果、卖糖果等活动,一定会受到幼儿的欢迎。糖果店的游戏不仅能够发展幼儿的精细动作,而且在买卖过程中也可以促进幼儿社会交往能力和解决问题能力的发展。

（3）**关注并细致观察幼儿的游戏过程,适时参与并丰富幼儿的游戏内容。**小班幼儿游戏时的目的性较差,语言表达能力和交往能力有限,而教师的关注能够帮助幼儿及时发现问题,并通过自己的介入丰富幼儿的游戏内容,指导幼儿的游戏行为,拓展幼儿的游戏情节。本案例中教师的介入简单而有效,值得借鉴。

（山东省淄博市市直机关第二幼儿园　梅迎迎）

小　班

3. 救救小鸭子
——有"缺陷"的材料能引发幼儿的深入探究

观察时间： 4月
观察地点： 室内科学游戏区
观察班级： 小班

游戏活动一开始，熙熙就来到科学区选择了沉浮游戏。她先把沉浮材料一个一个放进水箱，然后，一只手插进水里搅拌起来（见图3-1）。看着材料随着水的流动一会儿快、一会儿慢地旋转时，熙熙的眼睛变得闪闪发亮，脸上的笑容也越来越灿烂。玩了一会儿，熙熙发现，原本浮在水面上的橡皮小鸭沉到了水底。她连忙把小鸭从水中捞起，左瞧右看地检查起来，嘴里还自言自语道："咦，它不是会游泳吗？"（见图3-2）

图 3-1

图 3-2

熙熙是一个观察敏锐，善于思考和发现问题的孩子。教师投放的橡皮小鸭材料由于气孔损坏，有一些漏水。之前玩这个游戏的小朋友，有的没有关注到这一现象；有的发现了，但是没有过多在意。而熙熙在观察到这一现象后，马上产生了疑问，并开始探究问题的根源。她的自言自语也表现出她自己对问题的思考。

熙熙反转小鸭的动作，导致水从小鸭腹部的圆孔里向外流出。熙熙看到后，就把小鸭放到耳旁左右摇晃起来（见图3-3），小鸭的肚子里发出了"哗哗"的水声。这时，熙熙好像发现了什么，开始双手用力挤压小鸭的腹部（见图3-4），大量的水在压力的作用下从圆孔中涌出。在反复挤压几次，确定不再有水流出后，熙熙将小鸭放回水中，可是没过一会儿，小鸭又慢慢地向水下沉去。看着沉底的小鸭，熙熙惊奇地发出"啊"的一声。接着她再次把小鸭打捞上来，用刚才的方法又"救治"了一番，在把小鸭放下水之前，熙熙还把小鸭放到耳旁晃了一晃才放心。可是，这次小鸭依然没有摆脱之前的厄运，又一次沉了下去。

图3-3

图3-4

看得出，熙熙具有较强的观察、分析、判断能力，这在同年龄段的幼儿中，实属难得。在探索的过程中，她能够综合运用多种感官去发现问题，并做出合理的推断，进而实施解决问题的策略：先找一找鸭子身上漏水的地方；然后晃一晃、听一听，发现有水的声音，这帮助她验证了鸭子腹部是有水的，并且还有好多水，从而判断小鸭沉底应该与其腹部进水有关系；最后把水从小鸭腹部挤出来,并再次进行尝试和验证。可见即使是小班的孩子,对于感兴趣的事情也会比较坚持与专注。

这一次,熙熙没有再将捞起的小鸭放入水中,而是抬起头向一旁的教师求助道:"老师,小鸭坏了,不会游泳了。"教师问:"小鸭为什么不会游泳了?"熙熙说:"它这里漏水了!"她边说边用手指着小鸭腹部的小孔。教师启发道:"那我们可以用什么办法不让它漏水呢?"熙熙认真地想了想说:"把这里粘上!"教师马上追问道:"怎么粘住呀?""用胶布!"熙熙非常兴奋地拿来透明胶布,开始往小洞上粘(见图3-5)。可是由于小洞周围有水,她试了几次都没能成功。熙熙有些气馁,教师见状提醒她:"熙熙,你看胶布不能粘住湿湿的小鸭!"熙熙听了教师的话说:"小鸭身上湿湿的,不好粘,我把小鸭擦干以后试一试吧!"熙熙拿来抹布,把小鸭擦干,然后请教师帮助往小孔上粘胶布,这次总算成功了!而且在熙熙的坚持下,小鸭被裹上了厚厚的一层胶布。熙熙小心翼翼地将"救治"后的小鸭放入水中,然后目不转睛地观察了起来(见图3-6)。一会儿之后,她终于抬起头,绽放着灿烂的笑容,快乐地对教师说:"我把小鸭子治好了!"

图 3-5

图 3-6

正在上小班的熙熙能够进行多次尝试并最终解决问题,可见她的学习品质中已具备了非常难能可贵的坚持性。在解决问题的过程中,不断有困难在阻挠她的探索，但是熙熙并没有放弃，而是不断地改变策略，积极寻求解决问题的方法。当自己无法解决问题时，她还会适时地寻求教师的帮助，直至最后获得成功。

回应策略

（1）为幼儿的自主探究活动提供必要的心理支持。 对于投放到科学游戏区中的材料，教师大多会预设一定的教育目标。当教师发现幼儿的游戏并没有按照预设的目标开展时，不应轻易干预和盲目打断，而应在一旁耐心观察，并在观察的基础上，做出思考和判断，反思投放的材料为何会引发幼儿不同的游戏行为，以把握是否介入以及如何介入等。这个案例中，教师投放了各种可以沉浮的材料，目的是让幼儿简单探究不同材质的材料在水中的沉浮现象，但没想到因为小鸭的漏气问题，引发了预料之外的探究点。对此，教师没有盲目地干预幼儿的活动，而是在耐心观察的基础上给予幼儿适时的引导，帮助他们获得了有益的新经验，保护了他们的探究愿望和好奇心。这种心理上的支持能够对幼儿的自主探究活动起到积极的推动作用。

（2）转变思路，把材料的选择权交给幼儿。 教师可以在班级科学区为沉浮游戏设置一个材料收集箱，鼓励幼儿自己收集材料，让科学探究的材料具有多样性和趣味性，从而更好地激发幼儿游戏的灵感，丰富游戏内容。教师可以让幼儿自己收集生活中的常见物品，如各种材质的瓶子、罐子、小玩具等，进行沉浮的实验。另外，教师还可以根据幼儿游戏的情况，引导他们不断地丰富和更换游戏材料，如有意识地选择一些大小、轻重不同的材料，以更好地探索沉浮的影响因素。

（3）调整材料，增加解决问题的机会。 熙熙的游戏启示我们，在投放材料时，还可以考虑有选择地对某些材料进行"改造"，比如，投放有缺陷的材料（如案例中漏了气的橡皮小鸭），或改变材料的形状（如叠成方块的锡箔纸），等等。通过制造"小悬念",增加幼儿发现问题、解决问题的机会,丰富幼儿的自主探索活动,帮助他们积累更多的有关科学探究的有益经验。

(山东省淄博市市直机关第二幼儿园　许玲)

4. 围巾、挎包加手机
——幼儿具有灵活转换角色的能力

观察时间：5月
观察地点：户外角色游戏区
观察班级：小班

游戏活动刚开始,丫丫就跑到材料架前,她先取下一条长长的格子围巾在脖子上绕了一圈戴好,又从挂钩上摘下一个挎包挎在胳膊上,然后从材料筐里拿了个手机放到挎包里。之后,她悠然自得地挎着包在角色游戏区里逛来逛去。突然,丫丫跑到小木屋的平台上,把挎包放下来,在里面找着什么,一会儿找出手机,赶紧打开,一边晃着身子一边笑眯眯地对着电话那头说:"好的,我正要去呢!知道了,再见!"(见图4-1)这个可爱的女孩一下子就把笔者吸引住了,于是笔者开始悄悄跟着她、关注她。

图 4-1

小班的孩子喜欢玩模仿大人做事的游戏，尤其是女孩子，她们不但爱把自己打扮成妈妈的样子，而且还爱模仿妈妈说话、做事的样子……丫丫的兴趣正在这里呢。

打完电话，丫丫碰到了嘉玲，两个人相约着来到小柳树屋，坐在屋里的木墩上聊天。一会儿嘉玲要走，丫丫站起来跟嘉玲商量："嘉玲，咱们一起去北京吧？"（见图4-2）"好吧！咱们怎么去呀？""走，咱们去坐动车吧！"

丫丫带领嘉玲来到秋千架下的竹排旁，丫丫先跨上去，扶住绳子，让嘉玲也坐上来后说："坐好了，车要开了！"说完，两个人一起让竹排荡起来（见图4-3）。

一会儿工夫，两个人从竹排上下来，嘉玲跑去别处玩了，丫丫则跑到木船上，坐在船沿上掏出手机，开始打电话。这通电话打了好长时间，挂断电话，丫丫把电话放回挎包里，下了船。她发现旁边停着一辆三轮车没人骑，就把包挎到肩上，骑上车朝长廊而来。拐弯的时候，丫丫的后车轮不小心轧到了笔者的脚，笔者蹲下来抓住丫丫的车把说："你轧到我的脚了！"丫丫赶紧不好意思地说："对不起！"笔者不依不饶地说："你骑车的技术不太好啊！我是警察，把你的驾照拿出来看看！"丫丫一缩脖子笑

图4-2

图4-3

了。笔者说："是不是没有驾照啊？那我可要把车扣下了。"丫丫想了一下，在屁股后面的口袋里做了一个掏的动作，然后假装把驾照放到笔者的手上，笔者假装翻看了一下，又递给她："嗯，下次要小心哦！"丫丫笑着回头看看笔者，便骑着车离开了。

一会儿丫丫又骑着车来到笔者身边，说："你还看驾照吗？"笔者说："你这是要去哪儿啊？""我要去医院上班。""这次不看驾照了，我要查酒驾！"丫丫笑着用围巾捂住嘴巴趴到车把上："我们小孩儿又不喝酒！""哈哈！"丫丫的话把一旁的教师都逗笑了！

丫丫小朋友很喜欢自己今天的装扮，围巾、挎包和手机一刻都不曾离身！这些道具让她找到了"角色感"，也让她沉浸其中，只见她一会儿跟好朋友坐动车，一会儿坐在船上煲电话粥，一会儿又骑车去上班……

扮作交警跟丫丫的对话让笔者对小班孩子的角色意识有了新的认识。查驾照时，丫丫能够机敏地假装到口袋里把驾照掏出来，说明她非常认同自己的司机身份；可第二次被通知要查酒驾时，一句"我们小孩儿又不喝酒"说明她此时又从那个有驾照的"司机"变回小孩儿了，这种角色间的转换让我们看到她可以灵活地出入游戏情境。

跟笔者一起的胡老师被丫丫逗得来了兴致，她想出一招，假装肚子疼，去找丫丫帮忙。丫丫笑着把胡老师领到木船旁，让她坐下来，然后从挎包里拿出手机说："你先等一会儿，我打电话找医生来帮你！"（见图4-4）

笔者问："你不就是医生吗？"丫丫一本正经地说："我是在医院上班，但我不是医生，我是护士！"另一个女孩婷婷骑着车朝这边而来，丫丫赶紧喊住她："婷婷，胡老师肚子疼！"说完，对笔者说："她就是医生。"婷婷也很快明白了是怎么回事，说："那就开刀吧！"胡老师吓得直摆手："不行，不行，开刀太吓人了，看看还有没有别的办法。"这时，已经有几个孩子围过来看热闹，小男孩壮壮跑过来给胡老师揉肚子（见图4-5），胡老师被弄得痒痒的，赶紧说：

"好点了,好点了!"壮壮又假装找了点儿药片让胡老师吃。另一个女孩儿从地上捡了一棵小草,说这是中药,让胡老师赶快吃下去,胡老师也赶紧照做了。

图 4-4

图 4-5

丫丫不知从哪儿找来一个沙包,举到胡老师面前(见图4-6),说:"胡老师,你可能是饿了,饿了也会肚子疼,你把这个馒头吃了吧,吃了就好了!"

图 4-6

"我是在医院上班,但我不是医生,我是护士!"——丫丫的回答简直无懈可击。一个小班的孩子,思路如此的清晰,回答也如此的干脆利落,真的让笔者心生赞叹!

孩子们看到胡老师病了,纷纷出招儿提供帮助,从中我们可以看到他们的原有经验。开刀,揉一揉,吃药片,小草似的中药,以及肚子饿了也会疼等,可能都是他们生活中看过、听过或经历过的。正如一位专家讲到的,游戏中我们能看到孩子们的经验,观察游戏中的孩子真的会让我们更了解孩子。

胡老师的肚子疼治好了,孩子们也散去了,丫丫理了下围巾又挎起包走了,一边走还一边打着电话……一个小时的游戏时间里,丫丫的围巾、挎包、手机就没有离过身。音乐响起,丫丫把挎包和手机放回原处,把围巾摘下来,理整齐挂到材料架上,心满意足地走了。

回应策略

(1) **关注装扮性游戏材料的投放。**在上面的案例中,一条围巾、一个挎包加一部手机,让一个小班孩子的装扮游戏持续了一个多小时,并引发了一系列有趣的游戏情节。由此看来,教师在角色游戏区投放材料时,应该多投放一些装扮性的游戏材料,并关注孩子们是如何使用的。

(2) **对于小班幼儿来说,教师适当的介入能够推动游戏的发展。**小班幼儿的游戏内容和情节相对简单,常常会重复某些单一的情节,教师适当的介入可以引发更丰富的游戏内容,推动游戏情节的发展,帮助幼儿获得新的经验。就如同今天的游戏中,笔者和胡老师扮作交警和病人介入,给幼儿设置了很多意想不到的"障碍",让他们在装扮、闲逛的游戏中增添了很多情节。当然,教师的介入也应该是试探性的,如果能够引发幼儿的兴趣就继续下去;如果不能，就要立刻停止，切忌代替幼儿玩游戏。

（山东省淄博市市直机关第三幼儿园　韩冰川）

5. 健健的游戏
——幼儿是自己的游戏设计师

观察时间：6月
观察地点：户外游戏区
观察班级：小班

周四下午，在集体游戏后，教师请孩子们自由选择器械玩一会儿，结果大多数孩子都选择了骑小车。他们或是一个人骑，或是两个人一起骑，或是载人玩耍。在这一片热闹的气氛中，健健却跑向了操场北侧位于树木背后的塑制小桥。他先是自己在小桥的下方钻来钻去地玩了一会儿（见图5-1），然后站在小桥北面的中间位置，面对着骑小车的孩子们大叫："喂，我藏起来了，你们快来找我呀！"说完他笑着蹲了下来，而小桥的高度正好挡住了他。

在他大喊过后，琦琦骑车带着宵宵来到了小桥旁，格格也骑着小车过来了，他们停在了小桥的南面。格格探头看了一眼健健藏身的地方，然后左手扶车把，用右手食指指着健健；宵宵从小车后座上下来翻过小桥，两只小手做喇叭状放在嘴边；琦琦则两手握住小车把手，伸长脖子看向藏在小桥北面的健健，四人哈哈大笑起来（见图5-2）。然后，宵宵快速地翻过小桥来到琦琦小车的后座上，琦琦、格格骑着小车离开了。

小班

图 5-1

图 5-2

在大多数小朋友选择了骑小车以后，健健却选择了其他器械。但是，独自玩乐似乎不能满足他的游戏兴致，于是，需要与别人一起玩的"藏猫猫"游戏就自然产生了。可以看出，健健有比较强烈的与小伙伴一起玩的游戏愿望，但仍然处于小孩子那种"藏猫猫"的水平上，不在乎自己藏得多严实，而在乎自己藏、别人找的过程，从而体验其中的乐趣。其他孩子过来与他的互动简单而有趣，但大家各自忙着自己的游戏，很快散去了。

这时，健健挪了一下位置，站到小桥北面靠西边的地方，然后又对着骑小车的孩子们喊道："我藏起来了，快来找我呀。"菁菁闻声跑过来找到了健健，两人相视哈哈大笑（见图5-3）。菁菁待了一会儿就离开了。健健之后又回到了小桥北面原来的位置，继续对着大家喊："快来找我呀！"他边喊边蹲了下来，可是再也没有人过来了。健健站起身，满脸纳闷儿地嘟囔："怎么回事呢？"于是，他又喊

图 5-3

了一次:"我藏起来了,你们快来找我呀!"说完,他赶紧再次蹲下来,可是过了一会儿,依旧没有小朋友过来。健健站起身,自言自语道:"怎么没有人过来呢?"说着他把嘴巴噘了起来,用手撑在塑制小桥上,不再像刚才那样开心了。之后,他在小桥的北面这走走、那看看,无所事事地晃悠起来。

> 游戏是随时随地可以发生的,孩子们在自然的状态下,可以自己随机想出游戏的花样和玩法。"藏猫猫"就是健健随机发起的一个游戏,只可惜除了个别孩子过来玩一下,其他孩子都不太感兴趣。这可能与该游戏是小年龄孩子的常见游戏,而上了幼儿园的孩子不再那么喜欢有关系。

突然,健健发现了一个圆柱形的塑制积木,他的眼睛里立即焕发出了光彩。只见他把这块积木搬到了小桥上,对着大家喊道:"送快递了,谁来送快递?"听到他的喊声,有一些骑小车的孩子冲着健健的方向冲了过来。健健开始帮助他们往车上搬"货物"(见图5-4),因货物数量有限,只有二三辆小车有送快递的机会,其他车主一看没得玩了就骑车离开了。

图 5-4

> 无所事事而又有迫切地想要和大家一起玩的愿望,让健健的思维活跃起来,假想的"送快递"的游戏产生了。从孩子们争相奔向健健的场景来看,

健健随机创设的第二个游戏情境得到了大家的普遍认可,激发了孩子们参与的兴趣,并赋予了单纯的骑小车游戏以新的角色游戏内容,而健健的游戏兴趣也得到了极大的满足。但是新的问题又出现了,材料的不足让健健在游戏中不得不等待,健健会怎么做呢?

健健在小桥的北面站了一会儿,看见有送快递的车辆回来了,就赶紧把"货物"从车上拿下来。等下一辆小车过来送快递时,健健说:"我和你一起去送吧!"说完拿着"货物"就上了人家的车,当小车骑到南面的器械放置区时,健健带着"货物"下了车,说是"到了"。然后,他又继续请其他车主和他一起送货(见图5-5),如此反复游戏,乐此不疲。

图 5-5

游戏中,健健在材料不足的情况下,灵活地调整自己的游戏情节,把请别人送快递及时改成了自己直接送快递,并让游戏得以反复进行。这对于一个小班孩子来说,非常难得,也让我们再次感受到了孩子在游戏中无穷的创造力。

孩子是天生的玩家。教师的放手可以给孩子们更多自由游戏的空间,有时孩子们自发生成的游戏情境比教师预先创设的更具游戏精神。健健从开始游离在大家的游戏之外,到逐渐运用材料创设游戏情境、创编游戏内容,从而融入大家的游戏之中,这样的变化让教师都为之感叹。我们要相信,游戏会引发、促进孩子们在集体生活中的交往。对于游戏,有时孩子就是教师的"小导师"!

回应策略

（1）**适当参与游戏,对于幼儿自发的游戏给予必要的支持。** 户外活动时,只要给予幼儿充分的自由活动时间,幼儿就会自然而然地产生一些游戏。作为教师,应该给幼儿的这种自发游戏以支持,必要时可以参与幼儿的游戏过程,满足其游戏的愿望,给予其适当的引领。像健健最初的"藏猫猫"游戏,在没有孩子感兴趣的情况下,教师可以适当参与,和健健一起玩,满足他游戏的愿望;还可以巧妙地利用自己的语言和动作,如"小猫轻轻地走来了""东看看,西找找,我的健健在哪里？""健健藏到哪里了？草丛里？树林里？山洞里……"等,丰富幼儿的游戏内容,启发幼儿生发出新的、大家都感兴趣的游戏情境。

（2）**为幼儿提供更加丰富的自主游戏材料。** 低结构的材料可以引发幼儿的想象与创造,有利于幼儿自主游戏情节的产生。教师可以针对幼儿自发生成的游戏情节,提醒幼儿充分利用场地上的材料;也可以不动声色地在游戏场地附近添加适宜的材料,供幼儿游戏时选择和使用。比如,在上面的案例中,当孩子们把圆柱形的积木当作需要快递的货物时,教师可以提示幼儿看看场地上还有什么可以使用,或者再提供一些体积较小的其他物体,如纸盒、塑料筐子等,满足幼儿游戏的需要。

（山东省淄博市黄金国际幼儿园　李莹）

小班

6. 多变的纸箱
——自发的角色游戏是幼儿的最爱

观察时间： 5月
观察地点： 户外游戏区
观察班级： 小班

小班的教师与家长一起收集了一些废旧纸箱放在户外游戏区，作为孩子们游戏的补充材料。没想到这些简易的纸箱却让孩子们爱不释手，他们经常搬过来，搬过去，排成排，垒垒高……有时候，还会生发出自主的角色游戏。

取奶与上班

这天，美美从杂乱的纸箱中提起两个装奶的空纸箱向走廊的另一端走去，边走边自言自语："我要去取奶。"走到空无一人的走廊尽头后，她假装往箱子里放了几瓶奶，然后转身往回走，来到纸箱堆旁说："我把奶取回来了。"之后，她又立即转身边走边说："我又要去取奶了。"

低结构的材料可以引发孩子的自主游戏。只要教师不给这些纸箱规定固定的玩法，孩子们就能自己玩出各种花样。美美显然注意到了自己拿的是奶箱，所以联想到了生活中"取奶"的场景，并自得其乐地一遍遍玩着"取奶"游戏。这反映了小班孩子游戏的典型特点——喜欢在重复的游戏情节中享受游戏过程带来的快感。

阳阳看见美美的行为，也从地上提起纸箱说："我要去上班了。"他右手提着三个纸箱，右胳膊下夹着一个纸箱，左手则与身体同时作用夹起一个略大的啤酒箱子，笑眯眯地向走廊另一端走去（见图6-1）。正在"取奶"的美美听到阳阳说去上班后马上说："我也要去上班。"她边说边放下两个装奶的箱子，提起另外两个纸箱，又拿起一个夹在胳膊下，向阳阳走去。这时，哲哲凑到美美面前说："你应该叫他老公。"美美抬头看了看哲哲没说话，阳阳说："不，我是哥哥。"旁边的烁烁听到后，表示不满："你不能当哥哥，我才是哥哥。"阳阳低着头边搬运纸箱边淡定地说："有两个哥哥。"烁烁说："好吧。"哲哲也想搬纸箱，可烁烁不让，说："今天休息，今天休息。"哲哲回应道："今天不休息，要加班呢。"他一边说一边来回搬运起纸箱来（见图6-2）。

图6-1

图6-2

美美看到别人"上班"，自己也马上跟着玩起了"上班"的游戏，这说明小班孩子游戏的主题不稳定，喜欢模仿他人，容易受同伴的影响。旁边的孩子看到阳阳和美美在一起玩游戏，联想到了娃娃家里的情景，于是根据自己的想象赋予他们爸爸妈妈的角色。阳阳却不认可别人的看法，只想当"哥哥"。结果与烁烁的想法产生了冲突，而阳阳轻而易举地用"两个哥哥"的回答解决了这个问题，也得到了同伴的认可；很想参与的哲哲虽然遭到了别人的拒绝，但也很快想出办法参与了进来。这说明小班的孩子还是具备一定的解决问题的能力的。就这样，看似无意生成的一个小游戏，却因为越来越多的孩子的参与，生成了一些新的游戏情境。

这个游戏片段让笔者感受到，孩子天生是喜欢角色游戏的，不经意间，他们就会利用身边的材料玩起来。而且没有经过事先的商量，彼此之间很快就能对游戏主题、游戏角色、游戏情节形成默契，真的让笔者为孩子们的游戏精神深深折服。

妈妈、生日会与快递公司

几天后，原本散落一地的纸箱被孩子们分成了明显的两堆。

美美和媛媛走向其中一堆纸箱。美美说："我当妈妈吧。"

媛媛说："不行，你不能当。"

美美坚持说："我就要当。"

媛媛语气变得强硬了，提高音量说："不行。"

美美说："那你当妈妈行吗？"

媛媛说："行。"

媛媛从其他地方找来了布娃娃，一会儿抱抱娃娃，一会儿又动手做起饭来，美美在旁边也不知忙碌着什么。玩了一段时间后，美美趴到媛媛的脸旁说："两个妈妈行不行？"媛媛说："不行。"她想了一会儿，把娃娃交给美美说："要不，你去给宝宝洗澡吧。"美美愉快地答应了，然后开始寻找各种可以洗澡用的材料。

可以看出，孩子们的游戏水平正在逐步提升，游戏开始有了一定的目的性，自发生成了游戏主题，同时也有了初步的角色分配、协商的意识。媛媛的个性略显强势，始终坚持担任着妈妈的角色，并自己想出了照顾娃娃的角色职责；美美处于被支配的地位，但她的思维相对灵活，一直在努力想办法实现自己当妈妈的愿望。"两个妈妈"的提议终于让媛媛做出了妥协，把给娃娃洗澡的任务分给了美美。游戏中两个孩子之间产生了频繁的交流和互动，而二人的表现也让我们看到了她们的社会交往和解决问题的能力。

这时，巍巍走过来对她们说："我是孩子，今天我过生日。"美美和媛媛听到后，放下手中的东西，从其他地方找来了奶粉桶和塑料小鸭送给巍巍："这是我们送给你的礼物，祝你生日快乐！"巍巍接过礼物连忙说："谢谢。"他把它们放在面前的纸箱上，然后又跑到旁边对其他小朋友说："今天我过生日。"其他孩子找来了汽车玩具、塑料长颈鹿等送给巍巍，边送边说："祝你生日快乐。"巍巍一边高兴地收礼物一边说着："谢谢。"

接下来，巍巍开始摆弄地上的纸箱，边摆弄边说："今天我过生日。"几个孩子围过来和巍巍一起摆弄纸箱，一会儿就把三个大小不同的纸箱摞了起来，还在上面放了一个奶粉桶，就像是一个多层的生日蛋糕，在"蛋糕"旁边的纸箱上，放着巍巍收到的生日礼物（见图6-3）。浩浩提议："过生日要唱《生日歌》的。"于是，六七个孩子围着"生日蛋糕"唱起了《生日歌》，一遍中文一遍英文，唱完后一起鼓掌，然后心满意足地散去。

图6-3

美美和媛媛创设的娃娃家的情境引发了巍巍的自发行为——为自己过生日，而且相同的生活经历让他的这一行为得到了大家的热烈响应。可以看出，生活中孩子们是非常喜欢过生日的。他们在游戏中将这一生活经验再现了出来，真诚地道贺、有礼貌地回应、唱《生日歌》等，尽管游戏情节简单，但孩子们心满意足。

小　班

　　烁烁把靠近墙边的一堆纸箱靠墙摆成了一个封闭的区域，就像是一个柜台。不断地有孩子搬着纸箱过来（见图6-4），边走边喊："快递到了，快递到了。"原来，他们在这里办起了"快递公司"。烁烁接过纸箱整整齐齐地摆放好，并不时地调整其他小朋友随意放下的纸箱。这时，强强把纸箱搬过来随手一放，烁烁边调整边说："放在这里，放在这里，货物要摆放整齐。"强强调整了纸箱后继续去运送"快递"。

图6-4

　　另一堆纸箱被男孩子们创建成了"快递公司"，孩子们愉快地扮演着快递员的角色，享受着搬过来、搬过去的快乐。秩序感较强的烁烁则不厌其烦地把纸箱码放整齐，并知道用语言和行动来提醒同伴。虽然游戏情节简单，但这恰恰反映了孩子们对周围环境中的人或事的观察和理解，是他们的生活经验的再现，而且孩子们乐享其中。

　　一段时间后，烁烁弃"快递公司"而去，这里变成了一个无人区域。娃娃家的媛媛妈妈不知去了哪里，美美担负起了妈妈的角色正在哄娃娃："孩子，你玩这个吧，这是爸爸给你买的小汽车。""孩子，你饿了吗？"之后她又跑到墙边的"快递公司"那儿,假装趴在纸箱上写着什么,边写边说:"孩子,你看妈妈正在工作呢!噢,妈妈在学习呢!"

> 媛媛的离开终于让美美有了当妈妈的机会,从她照顾宝宝的行为中可以看出她对"妈妈"这个角色的热爱。无人的"快递公司"被美美充分利用,她随机把这个地方当成了家里的另外一个房间,在里面模仿着成人工作和学习的场景,场地利用得巧妙且合理,帮助她实现了自己的游戏设想。

阳阳搬着纸箱来回穿梭(见图6-5),他来到墙边无人的纸箱堆旁说:"咦,我的孩子呢?没在家?"说着就用手指在纸箱的数字上乱点了几下,然后把纸箱扛在肩上说:"喂,喂,孩子,你听到了吗?喂?"接着,他又把纸箱放下,说:"怎么没人接电话?我要去找孩子了。"……

图6-5

> 在一个小时的游戏时间里,小班的孩子不停地扮演着各种角色,一会儿是妈妈,一会儿又是快递员。他们极易受同伴的影响,但又能够利用自己已有的生活经验和智慧不断地创造出新的游戏,并一直饶有兴趣地沉浸在自己或同伴的假想游戏里。在看似无序、随意的游戏里,孩子们的口语表达能力、同伴交往能力、想象力、创造力等都获得了一定的发展。

回应策略

（1）**继续提供丰富的低结构材料，满足幼儿自主游戏的需要。**户外自主游戏中低结构材料的投放，让幼儿的自主游戏活动更具想象力和创造力。除纸箱外，教师还可以投放生活中幼儿常见的奶粉桶、瓶瓶罐罐以及各种安全、卫生的废旧物品。这些废旧材料在幼儿的手里会变换出多种玩法，拥有多种用途，成为孩子们喜欢的游戏材料，也会让孩子们的游戏内容和游戏行为更加丰富。

（2）**营造宽松的游戏氛围和环境，支持幼儿的自主游戏。**在没有成人干预的情况下，即使是小班的幼儿也能够结合生活经验进行假想和创造，自发地生成一些简单的游戏主题。这些游戏看似随意、结构松散，但仔细观察就会发现，它们对幼儿各方面的发展都是非常有意义的。因此当幼儿全身心地沉浸在自发的游戏氛围中时，教师尽可能不要打扰他们，应用心观察，在需要的时候，通过充实或调整游戏材料给予幼儿支持即可。比如，当教师发现游戏中出现给娃娃洗澡、过生日、送快递等情节时，可以提供给娃娃洗澡用的毛巾、开生日会用的蜡烛、送快递用的纸和笔等，以帮助幼儿展开想象，不断丰富游戏情节。教师的这些做法，可以让幼儿从心理上感受到来自教师的支持，有利于他们更加放松地开展自主游戏。

（山东省淄博市市直机关第二幼儿园 王艳）

中 班

中班

7. 魔尺高手
——开放性材料让幼儿的创造力更强

观察时间：6月
观察地点：室内益智游戏区
观察班级：中班

进入中班以后，孩子们对益智区的魔尺特别感兴趣，于是教师就创设了一个"魔尺挑战区"，鼓励孩子们创新玩法，并把他们的新花样拍成图片展示在益智游戏区里。今天的游戏活动开始后，"魔尺挑战区"进来了三个女孩和一个男孩。活动一开始，女孩月月就向男孩壮壮发出请求："你教我们变魔尺球吧！"壮壮爽快地答应了月月的请求，于是女孩们每人手拿一个魔尺自发地围成一圈，在桌子边坐了下来。

魔尺是孩子们喜欢的益智玩具，他们从小班就开始玩，逐渐玩出了越来越多的花样。但很少有教师特别关注它，并思考这个玩具本身对孩子的发展究竟有什么作用。这个班级的教师创设的"魔尺挑战区"激发了孩子们的挑战兴趣，连几个平时不太爱玩魔尺的女孩也想过来挑战。而"魔尺球"（见图7-1）是几个男孩最近探索出来的新花样，玩法比较复杂。几个想学习的女孩子知道求助于能力

图7-1

强的同伴，由此可以看出，中班幼儿的交往能力还是不错的。

只见壮壮把手中还原成长直条形的魔尺举起，开始讲解："首先，你们把手里的魔尺变成这样的直条。"三个女孩马上熟练地把长方形的魔尺变成了长直条，接着，壮壮又在长直条的一端折了一角，举起来说："第一步，弯一下！"三个女孩顺利地效仿，壮壮的视线扫射了一圈，确定大家都变好之后，又将手中的魔尺接连转了两下，举起来给大家看，说："第二步！"三个女孩又跟着变起来，这次大家的动作不像之前那样熟练了，月月和兰兰试了两次，才勉强做成了壮壮刚才示范的样子。接下来壮壮又开始教大家变第三步，看完示范后，月月嗫嚅道："我不会！"壮壮又给她示范了一遍："你看，不就是把这个拧下去，这么拧过来嘛。"月月看完后，低头拧了起来。壮壮看她变得不对，沉不住气了，一把从月月手中抓过魔尺，说："我来！我来！"这时，壮壮对面的兰兰把魔尺拧来拧去，都不能变成示范的那样，有点沮丧，看到壮壮帮完月月后，也小声地说："壮壮，你能教我吗？"壮壮没有说话，接过魔尺帮她变好。接着，在一旁的好好也向壮壮递上了魔尺，壮壮很默契地接过来帮她。之后，大家又在壮壮的帮助下变好了第四步。当变到第五步时，壮壮举起变好的魔尺说："再变成这样！"这次壮壮不等大家自己变了，而是直接拿过月月的魔尺帮她变好；当他伸手准备拿兰兰的魔尺时，兰兰拒绝了，说："壮壮，太难了！"说完，她开始将变形的魔尺拆开，自行变其他造型了。壮壮伸过手来抢她的魔尺，并且态度强硬地说："我来帮你！"兰兰一闪身站到了椅子后面说："我不变了！"壮壮威胁道："我不跟你玩了！"兰兰也坚决地说："我也不叫你'王子'了！"说完，兰兰走到"魔尺挑战区"的另一角，独自去玩了。壮壮转过头不理兰兰，一把把好好变好的魔尺夺过来说："你变错了！"从第六步到最后，一直都是壮壮先变一步，再急急地把另外两个女孩的魔尺拿过来，帮她们变一步……

魔尺球变好后，好好自言自语地说："我要在变出来的球上写学号！"（"魔尺挑战区"的挑战板上，幼儿可以在变成功的造型上贴学号）壮壮听到后说："别说你会变球，这是我帮你变的！"然后他看看展示板，骄傲地说："我是天底下第一个会变魔尺球的！"接着，他拿起变好的球，拆开又变好。然后，对其他三个人建议道："我们来玩战斗球的游戏吧！"提议没有得到他人的响应，壮壮的表情有些许失落。

壮壮玩魔尺玩得很熟练，变换的技能明显要比另外三个女孩高出许多。看得出，最近这段时间他应该非常热衷于这项游戏，并且对于自己感兴趣的事情有较强的钻研精神和坚持性。通过魔尺挑战的不断成功，壮壮收获了自信，并且开始有些自满。可能正是因为这样，壮壮才会参与教授大家变魔尺球的游戏，以显示自己的能力。最后，游戏进行得不太顺利，究其原因，除了孩子间技能相差较大外，应该还与壮壮在游戏中表现出的强势和控制欲有比较大的关系。

壮壮拿着魔尺球滚来滚去，自言自语道："好吧，我要挑战了！"他放下魔尺球，开始从魔尺盒里一个接着一个地拿出魔尺对着挑战板上的造型逐一变了起来，并且边变边统计："123，12345，1234567，123456789，10，11……"当数到11个时，壮壮把自己变的所有魔尺都揽到怀里，满足地说："这些都是我变的！"（见图7-2）

图7-2

壮壮一直在追求变换技能上的纯熟，通过不断地挑战展示板上的造型来证明自己，收获成功带来的满足。他的点数能力，相较于同年龄阶段的其他孩子来说，发展得还是比较好的。他能够不受空间的干扰，熟练地点数出10以上的数，并且能够通过统计量的多少来测定自己技能上的强弱。从他的动作及语言上看，他对自己的表现相当满意，陶醉于其中。

这时候的兰兰没有像壮壮一样看挑战板变造型，而是拿起一个魔尺自由地拧了起来。不一会儿，她就变出了一个直角连续转折的造型。教师说："嗨！兰兰，你变出了一个展示板上没有的新造型呀，真是个魔尺设计师！"兰兰听了教师的话，马上抬头去看挑战板，她仔细检查之后，兴奋地举起手中的魔尺，对教师说："真的没有！"接下来，兰兰又用一个魔尺变了一个相同的造型，并把两个魔尺对接起来，对教师说："老师，看，又变样了！"接下来，兰兰又变出第三个、第四个造型，并把它们和之前的对接起来（见图7-3）。

图7-3

可见，兰兰是一个有主见的孩子，做事不想被别人左右。与壮壮相比，兰兰在变换魔尺的技巧方面比较弱，但是她的创造力、想象力发展得比较好。相较于技巧，她更喜欢创新。于是她开始按照自己的喜好，探索魔尺的新玩法。活动中，教师的介入及时肯定了她的行为，引导她向有目的的方向探索。从接下来兰兰的表现中可以发现，教师的介入对她的游戏还是有一定帮助的。

另外一个女孩月月，在变完魔尺球以后，一直安静地变着相同的长方形，变好一个后，她就把长方形和之前的排成一排，不一会儿，桌子上就摆了六个排列整齐的长方形魔尺（见图7-4）。

图 7-4

月月也是个很有想法的孩子，游戏的目的性非常强。在月月变出的几个尺寸相同的长方形中，她一共使用了三种不同的变法，这让笔者深刻地体会到了"孩子是游戏的创造者和发明者"这句话。月月今天的游戏拓宽了大家对于魔尺玩法的思路，也给魔尺挑战增加了新项目：魔尺不只有造型上的变换，相同造型的魔尺，也可以有不同的变换方法。

而此时的壮壮，还继续搂着自己的杰作东看西看，全然没有注意到周围的小朋友在干什么。

回应策略

（1）**分享魔尺的新玩法、新造型，为其他幼儿提供参考经验。**活动结束后，教师可以结合图片、视频等，分享兰兰创意多变的造型，激发其他幼儿产生更多创新游戏的灵感；分享月月用多种方法变换出的相同的造型，以此启发幼儿明白，除了用魔尺不断变换造型外，还可以想方设法用不同的方法变出相同的造型，这样可以拓展幼儿的思路，增强其思维的灵活性。

（2）**增设新版面，激发幼儿进一步挑战的愿望。**目前"魔尺挑战区"的版面内容有些单一，教师似乎只是在给幼儿提供模仿的范例。但兰兰的魔尺组合以及月月的一种造型多种变法等更是不错的创意，因此教师可以在原有版面的基础上，增设"我的新创意"版面。当幼儿有新的玩法产生时，及时为他们拍照并放到版面上，从而鼓励更多的幼儿创新玩法。

（3）**继续跟踪观察壮壮的行为表现，引导其发现并学习别人的长处。**对于壮壮这样动手能力比较强，又有些自满的孩子，教师应注意观察，引导他发现和学习同伴的长处。比如，当发现有的幼儿玩法比较新颖时，可以提醒壮壮去学习和请教；在一日生活中表扬和鼓励其他表现突出的幼儿，等等。通过这种方式，慢慢让壮壮明白每个人都有自己的长处，逐步帮助他克服以自我为中心的倾向，使其学会与同伴友好相处的技巧。

（山东省淄博市市直机关第二幼儿园　许玲）

中 班

8. 蝴蝶餐厅趣事多
——低结构材料可提高幼儿以物代物的能力

观察时间： 4月
观察地点： 室内角色游戏区
观察班级： 中班

进入中班下学期后，教师将原来室内的日常生活区改造成了小餐厅游戏区。孩子们根据春天的主题，把餐厅命名为"蝴蝶餐厅"。而餐厅里的食材也不再由教师精心准备，而是由孩子们自己想办法解决。经过简单的准备后，"蝴蝶餐厅"开张了。

餐厅第一天开张营业，没多长时间，来吃饭的客人就多了起来。一桌客人刚坐下，服务员曼曼就连忙拿起空盘子，将里面装满食材——小朋友剪的蔬菜纸片和用太空泥做的蔬菜，给客人端上桌；雨泽则忙着给客人拿餐具。就这样招待了几位客人之后，菜没有了。曼曼跑来向教师求助："老师，菜没有了！"教师随手端起一小盒插塑积木说："这不还有嘛！"雨泽和曼曼接过来会心地相视一笑，就用这些"蔬菜"去接待客人了。过了一会儿，曼曼又说："没菜了！"雨泽听到后，看了看刚才放插塑积木的盒子，说："嗯，真是没有菜了。"接着他想起了什么似的，回过头对曼曼说："有了！我去买菜去！"只见他跑向玩具架，又端了一盒插塑积木回来，边跑边兴奋地说："菜买回来了！菜买回来了！"于是，曼曼又开始给剩下的客人上菜（拿盘子，装满插塑，给客人端上桌），雨泽则继续给没有餐具的客人分餐具。分到最后，餐具也没有了，雨泽对没有餐具的两位客人说："餐具没有了，你们用手拿着吃吧!"客人炫毅说:"啊?用手拿着吃有细菌呀!"另一位客人俊熙则伸出两个指头说:"这样吃!"只见他把手指当成筷子,夹起一块积木"啊呜啊呜"地吃了起来。炫毅看到后,也连忙伸出手指,夹起一块积木吃起来,边吃边和俊熙咯咯地笑。

> 游戏的过程中,出现了食材缺乏和餐具不够的问题。不过,有趣的是,当孩子们沉浸在游戏情境中时,这些突发事件并没有影响他们的情绪,问题被孩子们机智、巧妙地解决了,并成为推动他们游戏进程的加速器,游戏情节也变得更丰富、有趣了。服务员雨泽在游戏中借鉴教师"送菜"的经验,想到了"买菜"的游戏情节,解决了食材缺乏的问题,让我们看到了中班幼儿以物代物的能力。他还用灵活的处理方式,解决了餐具不够的问题,展现出较强的应对问题、解决问题的能力。更有意思的是,沉浸在游戏情境中的客人俊熙,并没有觉得雨泽的这个建议不合理,而是智慧地变出一双筷子,将游戏有趣地进行了下去。这说明,相同年龄段的孩子,由于经验和能力相似,在游戏中很容易对彼此的游戏创意产生认同感,因而能够默契地进行游戏。

第三次玩游戏时,餐厅里增加了提供饮料的服务。服务员睿睿很热情地走到刚坐下的客人佳怡和莹莹跟前,礼貌地问:"你们要什么饮料?菠菜味的吗?"莹莹连忙说:"要草莓味的!"佳怡指指莹莹说:"要四个,你一杯,我一杯,两个宝宝各一杯!"睿睿好脾气地说:"好的!"然后就向放积木的盒子走去,不过接着他又返回到佳怡跟前问:"几个草莓味的?"佳怡说:"四个!"只见睿睿一手拿着杯子,一手伸向装长方形积木的盒子里抓取红色的长方形积木,嘴里还大声数着:"1,2,3,4!"之后,他再换一杯继续装、继续数。当两杯饮料都装好后,睿睿看着左手杯子里的积木,头不停地点数"1,2,3,4",然后又看向右手的杯子,头又点数了四下,这才将两个杯子端上桌,看向佳怡说:"这是你们的草莓味饮料!"佳怡看看说:"还有两杯呢!""马上就来!"接着睿睿又迅速拿起两个空杯向积木盒跑去,不过这次他没有抓积木，原来他发现积木盒里只有原木色的积木块了。于是，睿睿返回佳怡处询问："没有草莓味饮料了！喝点菠菜味饮料好吗？"佳怡说："好吧！"睿睿连忙从餐桌上的餐盘里捡了几片薄荷叶子，放到了杯子里，拿到佳怡跟前说："好了！"

同样是餐厅游戏，随着时间的推移，孩子们的游戏内容在逐渐丰富，他们自己主动增加了提供饮料的服务，并创造性地使用游戏材料——把积木当作配制饮料的原料。游戏中，睿睿能够根据材料的颜色展开想象，使用红色的积木块制作草莓味饮料，使用绿色薄荷叶制作菠菜味饮料，很有意思。而两位顾客为自己和宝宝点饮料的过程，让我们看到了中班幼儿数概念的发展现状；服务员睿睿在制作饮料时，也利用点数的方法让两杯饮料的数量一致。由此可见，中班幼儿游戏情节的丰富与他们的年龄段特点有很大的关系。

莹莹和佳怡喝完饮料后，在教室里转了一圈，相约着又再次走进小餐厅，服务员又开始忙碌地招待起来，重复着装盘、上菜、上饮料的工作。不一会儿，两人坐的桌子上就摆满了杯子、盘子。莹莹看看这些菜，说："上两个火锅！"餐厅经理哲哲听了，一转身回到厨房，拿来了两个杯子和两个盘子，然后分别把两个盘子对应地架在了杯子上，一边从旁边的盘子里拿积木块向"火锅"里添加，一边对莹莹说："你要的火锅，快吃吧！"做完这些，哲哲又看看桌上的菜，跑回厨房，端了一盘薄荷叶走了过来说："你们的青菜！"

两位小客人突然提出的要求，让游戏的情节发生了变化。虽然餐厅里原本没有准备"火锅"，但聪明的哲哲创造性地利用原有的杯子和盘子，自然地造出了"鸳鸯火锅"，满足了客人的要求。从他的表现可以看出，他有吃火锅的经验，知道火锅的基本构造和吃火锅要荤素搭配的道理，并很好地迁移生活经验运用到游戏中。看来，没有现成的游戏材料，中班幼儿照样能创造性地利用已有的材料进行游戏，以物代物的能力还是挺强的。

又过了几天，餐厅游戏对食物的需要，已经不限于原有的积木和自制食材了，孩子们开始把橱柜里的生活操作材料（如乒乓球、海绵块、玉米粒、夹子、盒子等）陆续搬出来，以丰富食物的种类。

小餐厅里，正在吃着玉米的炫毅大声说："服务员，我要一个汉堡！"服务员鲁鲁听到后，转身走到厨房拿起一个盘子，在里面并排放了两块红色的长方形积木端了过来，边走边说："你的汉堡来了！"（见图8-1）坐在一边的洪瑞看到了，对鲁鲁说："我也要汉堡！"鲁鲁干脆地回答："好的！"说完，便转身向厨房急急地走去。他拿起一个空盘子，又在里面并排摆上两块红色长方形积木。这时，他瞄到端着乒乓球的佳怡经过，马上说："给我一个鸡蛋！"拿到乒乓球后，鲁鲁把它放在了两块积木的旁边，然后走到了洪瑞的跟前说："你不是要汉堡吗？给你加了个鸡蛋！"洪瑞高兴地说："谢谢！"他端过盘子（见图8-2），大口地吃了起来。

图 8-1

图 8-2

随着游戏进程的推进，孩子们开始自发地寻找和丰富食材。活动室里的任何物品都可以成为游戏的材料，餐厅里的食物随着孩子们的"胃口"的挑剔逐渐丰富起来。餐厅的服务员会有意识地根据客人的需要，创造性地使用游戏材料。这说明中班幼儿已经能够根据物品的颜色、形状等进行想象，并寻找合适的替代物进行游戏。

另一个服务员俊熙，从厨师佳怡摆好的"烤盘"里拿了两块海绵给了炫毅。炫毅问："这是蛋糕吗？"俊熙说："这是面包！"正当炫毅要吃的时候，佳怡匆匆走了过来，从炫毅的碗里把海绵块拿走并说："我还没烤熟呢！"炫毅连忙配合地说："哎呀！没熟就再烤烤吧！"俊熙在一边看着，转身跑去拿了个空盘子，又从积木盒中拿起长方形积木，分作两层整齐地码在了盘子里。接着，他拿起一块积木对着盘子左右摇摆做喷射的动作，嘴里还发出"嗞嗞"的声音。做完这些之后，他又码了一下盘子里的积木，然后端起盘子放到炫毅跟前说："你的蛋糕！"炫毅看看蛋糕，又看看俊熙说："我最喜欢吃蛋糕了！"俊熙很得意地双手插兜，转身回到了厨房，拿着盘子和食材研究起来。过了一会儿，俊熙端着一盘中间整齐地码了几块红色积木，周围摆了一圈薄荷叶的"菜"，来到了炫毅的面前，并且解释道："这边上的不能吃，这是生的。中间的是红烧肉，很好吃，你尝尝！"炫毅高兴地说："红烧肉是我最喜欢吃的！"说完，他就喜滋滋地大口吃起来。

孩子们的食物丰富以后，他们开始关注食物的生熟问题。看得出，随着游戏的深入，孩子们的经验越来越丰富，他们的游戏水平也在不断提升。中班幼儿已经能够用假想的动作来进行角色扮演，并尽到角色的职责，角色之间的互动也越来越频繁。

"蝴蝶餐厅"的故事还在精彩继续……

回应策略

（1）**鼓励幼儿主动寻找和制作餐厅游戏所需要的食材，支持幼儿游戏中的以物代物的假想行为。**角色游戏中的材料不一定全部由教师包办代替准备好，有时候发挥幼儿的主动性，让他们自己选择、制作材料，反而能够发展幼儿的动手能力和以物代物的假想能力，促进其游戏水平的提升。在幼儿不知如何准备时，教师可以给予一定的提示。比如，提醒美工区的幼儿帮助餐厅准备食物；在幼儿主动寻找替代物（如积木、乒乓球、海绵等）进行游戏时，应对幼儿的选择进行积极的认同，并在需要时帮助幼儿继续丰富其选择，从而推动游戏情节的发展。

（2）在幼儿需要帮助时，提供必要的支持，保证游戏顺利进行。"蝴蝶餐厅"开张前，教师曾经同孩子们讨论"菜"要如何准备，他们提议可以画画剪剪，或者用太空泥做。于是，孩子们开始分头忙碌着准备食材。半个小时过去了，孩子们沮丧地端了很少的"菜"来到了教师面前，说："我们才准备了一点儿！"看到孩子们没有更好的办法，教师说："没关系，明天游戏的时候，如果你们的'菜'不够，我给你们送'菜'！"在第二天的游戏中，教师巧妙地利用一小盒插塑积木引导幼儿完成以物代物的假想游戏。类似的教师介入指导方式，既简单，又有实效。

（3）通过分享与交流环节，提升幼儿对餐厅服务员角色的认知，丰富游戏内容。游戏结束后的分享与交流环节，教师可以请担任服务员的幼儿说说自己做了什么，遇到了什么问题，等等，从而提高全体幼儿对服务员这个角色的认识，丰富游戏内容。特别是几次游戏中新出现的游戏情节和好的做法，对于以后参与游戏的幼儿应该是不错的启示。

（4）继续丰富幼儿的生活经验，促进幼儿游戏的持续开展。角色游戏的开展离不开幼儿生活经验的支持，教师可以在幼儿游戏遇到瓶颈时（如游戏情节单一，幼儿不感兴趣等），再次请家长带领幼儿到餐厅进行有针对性的观察，以丰富幼儿的感性经验，帮助幼儿迁移经验，拓展游戏情节和内容。

（山东省淄博市市直机关第二幼儿园　许玲）

9. 豆豆补墙记
——在建构游戏中学习有计划地做事

观察时间： 5月
观察地点： 室内建构游戏区
观察班级： 中班

建构游戏区里，小小建筑师们正在搭建幼儿园，豆豆和丁丁两人一起负责搭建幼儿园的围墙。开始的时候，豆豆负责运送搭建用的薯片桶，丁丁负责取长板和搭建，两人配合得十分默契。搭建过程中，豆豆发现有一块长板放上后是倾斜的，又换了一块长板试了试，还是斜的。他仔细观察了一下，先把长板拿下来，又把两边支撑的薯片桶拿下来，放在一起进行比对（见图9-1），发现两个薯片桶一个高一个低。豆豆比对了几次，确定了问题后，就去找丁丁问道："丁丁，你看看这两个薯片桶好像不一样高啊。"丁丁拿过来比对了一下说："嗯，

图9-1

是不一样高，你去换两个一样高的就行了。"（见图9-2）于是，豆豆立刻去材料箱里找了起来，很快找到了合适的薯片桶，把第三层围墙搭建好了。

幼儿园自主游戏观察与记录

中班幼儿建构的目的性增强，游戏开始出现分工和合作。在此次建构活动开始时，豆豆和丁丁两个人就有了明确的分工，豆豆取薯片桶，丁丁拿长板，体现了中班幼儿初步的合作意识，这种分工与合作还提高了建构活动的效率。此外，中班幼儿已经具备了基本的建构技巧和建构经

图 9-2

验，因此在出现长板倾斜的问题后，豆豆通过"试误"的方式去尝试解决问题：他先后换了两块长板，发现问题不是出在长板上，又开始检查比对薯片桶的高度。由此可以看出，豆豆具有一定的建构经验，并且善于发现问题，思路清晰。发现作为支撑用的薯片桶高度不一样后，豆豆又反复比对了几次，说明他是个十分谨慎的孩子。观察到这里，笔者以为豆豆接下来肯定会去寻找合适的薯片桶进行替换；但出乎笔者意料的是，豆豆没有直接去找替换材料，而是找到丁丁，把这个很明显的问题反映给丁丁，待丁丁确认后，才跑去材料箱里找来合适的薯片桶完成搭建。这让笔者看到了豆豆的另外一面：对自己发现的问题不敢肯定，得到别人的认可后才能大胆去做，不是十分自信。

第四层围墙还剩中间的一段，马上就要围拢了，丁丁拿了两个薯片桶来随意地一边一个放好，然后搭上长板就走了，接着又拿来了几个薯片桶随意一放，结果围墙出现了许多的"缺口"（见图 9-3）。豆豆也拿了薯片桶过来准备搭建，可他发现没有合适的空地放薯片桶了。豆豆看了看这些"缺口"，想了想，自言自语道："这墙都裂开了，怎么让小朋友住啊？"说完，他放下手里的薯片桶，飞快地转身去积木架上取了一块短板来，在丁丁搭建的围墙的

"缺口"中间放上一个薯片桶,然后再放上短板,试图将围墙的"缺口"填补好(见图9-4)。豆豆的"补墙"行动吸引了丁丁,丁丁也意识到这样"漏洞百出"的围墙是不符合要求的,于是也加入到了"补墙"行动中。丁丁拿了一块小长形木块来"补墙"(见图9-5),放上一试,木块太小了,没法把围墙连接起来。豆豆看了一眼,赶紧去拿了长一点的木块给丁丁:"给你这块试试,你那块太小了。"丁丁接过来试了试,发现长度合适,于是笑着说:"干得好,这块正合适!"(见图9-6)豆豆笑着离开,又去寻找下一个"缺口"。

图 9-3

图 9-4

图 9-5

图 9-6

通过观察不难发现,豆豆和丁丁的分工合作并不是一直持续的,在开始的合作搭建持续了一段时间后,两人又有了各自的行动,互不干涉地各自搭建围墙。当问题出现后，两人的互不干涉又变成了合作搭建，这明显地体现出中班幼儿的年龄特点：喜欢与小伙伴一起做事，开始有合作，但仍处于比较初级的合作水平。此外，由于丁丁的随意搭建，使得围墙形成了一个个的"缺口"，而这些"缺口"又影响到豆豆的搭建，豆豆能够选择放弃自己原来的围墙搭建计划，改为"补墙"行动，这是十分可贵的。

就在豆豆和丁丁乐此不疲地"补墙"时，一旁静静观察的教师上前询问："小建筑师们，你们在干什么啊？"豆豆十分开心地回答："我们在把墙上的缝儿填起来。""新建的楼房怎么会有缝儿啊？小朋友们在这样的幼儿园里面活动安全吗？"豆豆没说话，但是眼睛一直在看自己和丁丁一起补的"缺口"，教师于是建议豆豆："除了可以把'缺口'补起来，还可不可以不让它有'缺口'呢？"说完，教师把一个薯片桶向前挪了一下，让两个相邻的薯片桶挨在一起，然后示意豆豆："你来试试吧。"豆豆取下一块积木，把薯片桶一个一个往前挪了挪（见图9-7）。丁丁也凑过来，一边看一边笑着说："这个办法真不错啊！"在两个人的努力下，一个个"缺口"很快就消失不见了，豆豆面露微笑，十分满足地去搭建另一边的围墙了。

图 9-7

回应策略

（1）**在建构游戏最后的分享与交流环节，请幼儿讲述自己的问题，分享自己的经验，对同伴的问题提出自己的看法，有助于所有幼儿建构游戏水平的提高。** 比如，本案例中的豆豆和丁丁，他们在垒墙时遇到了因薯片桶距离不均匀导致墙连不起来的问题，最终通过教师的引导和自己的努力解决了。在分享与交流环节，教师可以请他们说说自己遇到的问题和解决方法，或者请其他幼儿给他们提一些解决问题的建议。这样有助于幼儿以后搭建时借鉴同伴的经验，更容易获得成功。

（2）**鼓励幼儿在建构前讨论游戏的主题、步骤和所需要的材料，有助于提高幼儿建构游戏的目的性和计划性。** 豆豆和丁丁在游戏中之所以遇到问题，是因为他们建构时目的性不强，缺乏搭建计划。因此，教师在指导中班幼儿的建构游戏时，应注意引导他们在游戏前进行讨论，一起确定好搭建的主题、搭建的方法、使用的材料等，以逐步克服游戏中的随意性，增强计划性。

（山东省淄博市科技苑幼儿园　邢娜娜）

10. 打仗的故事
——男孩子的游戏有男孩子的味儿

观察时间：3月、4月

观察地点：室内建构游戏区

观察班级：中班

游戏时间，孩子们各自选择了自己喜欢的区域开始游戏。家伟、峻豪、炳志、明灏、翰诚选择了去拼插区用子弹头积塑进行拼插。

几个孩子先是自顾自地站在桌子旁边拼插，5～6分钟后他们挪到了教室前面的小椅子上，玩起了打仗的游戏。家伟、炳志、明灏、翰诚手里各有一把枪。从枪的外形上看，家伟的枪最复杂。四个孩子用小椅子背儿作掩护，趴在椅子上开始射击（见图10-1）。家伟边射击边招呼其他同伴："给我打，狠狠地打！"

图 10-1

孩子们边打边模仿着射击的声音。玩具篮子里还有一些他们自己拼插的小圆柱，家伟打了一会儿枪，拿起一个小圆柱假装扔出去，同时嘴里发出爆炸的声音（看样子，篮子里装的是"炸弹"之类的东西）。峻豪手里没有枪，他把单个的子弹头积塑插到十个手指头上，但并没有和其他四人一起趴在小椅子上"战斗"。

"战斗"持续了大约5分钟，教师第一次介入，问家伟："你们的敌人是谁啊？"家伟说："坏蛋。"教师问："他们在哪儿呢？"家伟说："他们在车上呢，我们要趁着他们还没下车就把他们打死。"教师说："你知道往哪儿射击能把敌人消灭吗？"家伟说："知道，朝头和心脏，那是要害部位。"

家伟对枪的热情已经有些日子了。每当爸爸妈妈晚来接时，他都会选择用子弹头积木拼插各种样式的枪。听家伟的妈妈说过，他们家里有各种样式的玩具枪，有时家伟还会和爸爸玩"打枪"的游戏。正因为如此，他拼插出来的枪比其他孩子要复杂一些，在游戏过程中很自然地成为核心人物，也很有号召力。教师本想通过介入游戏，推动孩子们游戏情节的发展；但是从介入后孩子的反应来看，此次介入的意义不大。

教师离开"战场"来到小医院，发现医院的医生很清闲，没有病人来看病，于是就想从"战场"上拉一些病人，让医生们有事可做。教师返回"战场"，对家伟说："我当你们的敌人吧。"说着就顺手从玩具篮里拿了一个"炸弹"。家伟对教师的话不太感兴趣，仍然忙着朝自己的前方射击。教师拿着"炸弹"转到家伟的对面，说："小心炸弹，我要进攻了。"说完朝家伟扔出手里的"炸弹"，家伟被击中了。"你受伤了。""没事。"这时候，手上戴着10个子弹头积塑的峻豪走到教师身边说："老师，我是他们的敌人，我是怪兽。"说完做出怪兽的样子。峻豪以怪兽的身份终于参与到游戏中，不再游离于游戏之外。

过了一会儿，翰诚在游戏中也被击中了，躺到了地上。还没等教师上去问"需要送医院吗"，翰诚就一下子从地上站起来，拿着枪继续"战斗"。

教师第二次介入游戏是想为小医院"制造病人",但这并不是战争游戏中孩子们所需要的。所以对于教师的建议——"我当你们的敌人吧",家伟一点都不感兴趣。对于他们来说,有没有敌人并不重要,拿着自己造的枪自由地射击才是最重要的。家伟被击中,教师本想引导其他孩子带着"受伤"的家伟去医院疗伤,但是正在投入战斗的家伟并不愿离开"战场"。看得出,孩子们此时的兴趣主要在射击上。

教师扔"炸弹"的动作也是不合适的。孩子们在游戏中也用到了"炸弹",但是他们都是假装扔的。如果教师的做法被孩子们模仿,无疑会增加游戏的危险性。教师的介入虽然没有出现自己预想的结果,但是给了峻豪一个启示,他终于也扮演起怪兽加入到了游戏之中。

过了几天,又到了游戏时间,几个孩子直奔向拼插区。他们把插塑放到小椅子上,各自选择自己需要的材料,几分钟后,除了峻豪依然把单个的子弹头插塑套到手指上外,其他孩子每人手里拿了一把枪,可以看出枪的造型难易程度各不相同。相比较来说,明灏的枪结构最简单,用的插塑最少。教师问:"你们这么快就造好了自己的武器,太厉害了。"家伟说:"对呀,我插的是机关枪,可以连续发射很多子弹。"蹦蹦说:"我插的是机关炮枪,很厉害。"

经过之前在桌面插枪的练习,孩子们已经掌握了插枪的基本方法。峻豪还是没有插枪,一方面可能是因为他更愿意假扮怪兽,把单个的积塑套到手指上当作怪兽的爪子;另一方面可能是因为峻豪还没有掌握插枪的方法。

孩子们拿着自己插好的枪开始了作战游戏。这次他们没有像之前那样一起朝着假想的敌人射击,而是自然地分成两组,相互射击。不过,看不出峻豪属于哪一组,他在小朋友之间来回走动,有时会用自己的"爪子"去扎别人。

峻豪这次虽然还是没有枪，但是他没有像上次那样游离在游戏之外，而是直接以怪兽的身份加入游戏。

在孩子们游戏的过程中，教师悄悄地把一个纸箱放到了"战场"边上，靠近门的地方。梓烨最先发现了纸箱，问："这个箱子是做什么的？"教师说："你想做什么就做什么。"梓烨看了看走开了。一会儿，家伟走过来看了看，挪开纸箱，自己藏到了里面。他把枪放到纸箱上的洞洞里假装朝外射击，嘴巴里不时发出射击的声音。家伟的行为引来了蹦蹦和灏哲，他们也躲到了纸箱里面（见图10-2）。

图 10-2

纸箱是教师为了推动幼儿的游戏进一步发展而投放的。面对新材料，孩子们的表现是不同的。梓烨是先问再行动，看得出他是一个守规矩的孩子。梓烨的离开，说明他对纸箱不太感兴趣，也可能是因为他的主动性和创造性有所欠缺，这需要教师今后继续关注，对梓烨多一些鼓励和放手。

在之后几天的游戏中，孩子们会自然而然地从阳台上抬出纸箱来。玩打仗游戏时，他们用纸箱作掩护来射击。看得出，他们玩游戏的主动性和游戏水平在不断提高。

"战斗"持续了几分钟后,教师看到明灏搀着梓烨离开"战场"朝医院走去(见图10-3)。教师问:"怎么了?他受伤了吗?"明灏说:"他中毒了,我要送他去医院。"

梓烨被送到医院后,医生忙着给他打吊瓶、喂药(见图10-4)。

上次是教师要"制造病人",孩子们不配合,这次孩子们却自发地去医院了。现在想想,教师上次的介入是不是有些着急了呢?当游戏发展到一定程度时,"病号"自然就产生了,这说明有时教师耐心的观察和等待真的很重要。

图 10-3

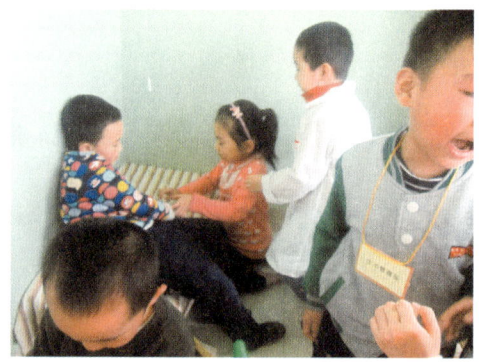

图 10-4

又过了几天,教师看到峻豪没有再在手指头上套插塑,而是插了一把枪。游戏结束时,峻豪没舍得拆,他拿着自己插的枪对教师说:"老师,这是我自己插的。"教师夸奖道:"你插得真不错,我给你拍下来吧。"峻豪很高兴(见图10-5)。

图 10-5

峻豪的枪和其他孩子的相比,显得有些简单,也不够结实,但这是在经历了十几天的游戏后,峻豪第一次独自插成枪。由此可见,峻豪进步了。

孩子们对于插枪、打仗游戏的热情持续着。又过了几天，"战场"上迎来了第一位女战士——艺博。艺博不太会插枪，家伟主动帮助她插了两把小手枪。教师看到医院里的医生也不只在医院等待伤员去疗伤，还拿着自己的小医药箱走进"战场"，去给"受伤"的战士包扎。结果，医生也被击中倒在了地上（见图10-6）。看得出，孩子们很投入，也很享受这个游戏。

图 10-6

经过了近一个月的打仗游戏，孩子们已经不再满足于简单的射击，他们自己生成了很多游戏情节，在这些情节中，孩子们的想象力、语言表达能力都得到了提升。

回应策略

（1）理解角色游戏是幼儿期典型的游戏，当幼儿从建构游戏转为打仗游戏时，不应反对和干预，而要尽可能在观察的基础上提供积极的支持。角色游戏是3—6岁幼儿典型的，具有代表性的游戏。在实际的生活中，我们会发现，孩子们玩各种各样的游戏时都会带入角色表演的成分。所以，教师要理解和接受幼儿从建构游戏到角色表演游戏的转变，并提供较宽敞的场地供幼儿游戏。教师在介入指导幼儿的游戏之前，进行充分的观察和专业的识别、判断尤为重要，尽量不要盲目指导。

（2）关注幼儿在游戏过程中表现出的个体差异，给予更有针对性的引领。比如，案例中针对家伟，教师今后可以鼓励他拼插出各种枪，可以建议他先设计图纸，然后按照图纸来拼插，这样家伟在插枪时的目的性会更强，更有助于他的空间思维能力和表征能力的提高；对于峻豪，教师应鼓励他从模仿拼插开始，肯定他拼插的所有作品，以保持他对于建构活动的兴趣。

（3）在班级的窗台或一张桌上专设一个展台，展示每一次建构活动时幼儿的作品。这个展台一方面可以保留幼儿的作品，增强幼儿的成就感；另一方面也会给能力较差的幼儿一个模仿的平台。

（4）和幼儿分享一些军人保家卫国的故事或图画书，提升幼儿对于打仗的认识，升华爱国情感。几乎每个男孩子心中都有一个英雄梦，但是在一个被过度呵护的家庭里长大，再加上幼儿园里几乎都是女教师，他们很容易变得"娘娘腔"。所以，教师选择适当的英雄故事和孩子们分享，也是培养他们坚毅、勇敢品格的途径之一。

（山东省淄博市高新区实验幼儿园　焦婷婷）

中 班

11. 我也想打弹珠
——在矛盾中习得交往的技巧

观察时间：5月
观察地点：户外弹珠游戏场地
观察班级：中班

户外活动时，小文来到打弹珠的场地，拿出一颗弹珠自己玩起来。杜杜看见了，站在一旁观看（见图11-1），看了一会儿，她蹲下来说："咱们一起玩，好吗？"小文点点头，杜杜也从盒子里拿了一颗弹珠，两个人开始一起玩。

图 11-1

杜杜在参与别人的游戏时，会有礼貌地询问，说明她已经掌握了一定的社会交往方法。这种礼貌地征得他人同意的做法，对她能够顺利地进入游戏有一定的帮助，善意的交流让两个人很快地玩在一起。

幼儿园自主游戏观察与记录

　　瑞瑞和墨墨走过来看了一会儿，瑞瑞从弹珠盒里拿起一颗弹珠说："我也要玩。"小文看着她，没有说话。瑞瑞见状拿着弹珠盒说："我要两颗。"小文说："你干什么？要那么多干吗，拿一颗就够了。"瑞瑞说："我就要拿两颗。"她一边说，一边拿着弹珠盒向后退，小文追着瑞瑞抢弹珠盒，嘴里说着："不行，每个人就拿一颗。"见小文抢回了弹珠盒，瑞瑞说："那好吧，我拿一颗。"小文抱着盒子回到了原来的地方。

　　瑞瑞的进入方式和杜杜的不同，她没有征求伙伴的意见就自己拿弹珠，虽然同样没有被拒绝，但从小文的反应来看，瑞瑞并没有被伙伴开心地接纳。没发现这一点的瑞瑞继而有了进一步的要求，终于引来伙伴的抗议。当发现自己的行为和伙伴的原则发生冲突时，瑞瑞及时放弃了自己想要两颗弹珠的想法，只拿了一颗弹珠，这个改变也让她得以继续参与到游戏中。

　　刚要开始玩，忽然瑞瑞又说："我还是想要两颗，我就只拿两颗行吗？"小文想了想说："好吧，那我也要两颗。"说着从盒子里拿了一颗弹珠给瑞瑞（见图11-2），自己也拿了一颗。在一旁一直打弹珠的杜杜看了看他们俩，走过来

图 11-2

说:"我也要两颗,再给我一颗。"小文把盒子给杜杜,杜杜也挑了一颗。墨墨在一旁一直跟着看,没有说话。

虽然这次瑞瑞再一次提出自己要拿两颗弹珠,但是她的语言表达与前一次相比,多了商量和请求的语气,不一样的表达方式让同伴开始考虑并满足了她的要求。三个孩子在游戏过程中都有退让,这样才能让游戏继续进行。在瑞瑞得到允许的同时,小文和杜杜也同时拿了一颗弹珠,这表明公平已经开始成为他们游戏的基础。

他们三个开始打弹珠,墨墨在一边看着。瑞瑞刚弹了一次,就快速从盒子里拿了一颗弹珠,说:"我要三颗。"小文说:"不行,我们都是两颗,不能再拿了。"瑞瑞紧紧攥着弹珠说:"我就要三颗。"小文和杜杜同时去掰瑞瑞的手,杜杜说:"每个人就是两颗,不行,你放下一颗。"拉扯了一小会儿,瑞瑞说:"我不玩了。"说完,她放下弹珠离开了。这时,一直站在旁边观看的墨墨说:"我想和你们一起玩,好吗?"杜杜说:"好吧,我们一起玩,每人两颗弹珠。"墨墨点了点头。杜杜说:"给你两颗弹珠,我们都是两颗。"墨墨接过弹珠,三个人趴在地上玩起来(见图11-3)。

图 11-3

⬇ 当自己制定的规则受到挑战时,小文和杜杜用行动维护他们的规则,先是说服,不行再动手。这说明他们知道怎样做比较合适,有一定的控制力。当自己内心的需要和规则起了不可调和的冲突时,瑞瑞虽然有情绪,但也选择了主动离开,三个孩子没有向站在一旁的教师求助,而是分别用维护和放弃的方式平息了这次冲突。另一位旁观者墨墨从中观察到了遵守游戏规则对于参与游戏的重要性,所以非常诚恳地接受了杜杜提出的要求。她彬彬有礼地询问和认可规则的态度让小文和杜杜欣然接受了她的参与,并很快地玩在一起。

三个人正玩得起劲,旁边路过的珍珍被吸引过来。珍珍看了一会儿,对墨墨说:"我也想玩。"说着她就从盒子里拿出一颗弹珠,墨墨抢过来说:"你干吗?不能再来了,这里人已经够了。"珍珍怯怯地看了看墨墨,退到一旁。这时杜杜第一个弹进了弹珠,珍珍对杜杜说:"谁得到了第一名,我就奖给她一个这个。"说着她把手里的大雪花片送给了杜杜,杜杜很开心。珍珍蹲下来继续观看(见图11-4),见没有人跟她说话,看了一会儿珍珍就离开了。

图11-4

⬇ 经过一段时间以后,游戏的人员基本固定下来。墨墨在珍珍想加入游戏时,能从空间上考虑对人员进行限制。这说明墨墨虽然是最后一名参与进来的,但在得到同伴的认可以后,她已经成为游戏的主持者之一。尽管珍珍也在想办法进入,但是比起之前两个孩子要困难很多,最后只得离开了游戏场地。让笔者欣慰的是,珍珍虽然没能参与其中,但离开后又愉快地投入到其他游戏中,这是中班幼儿自我调节情绪的良好表现。

玩了一阵,墨墨说:"我憋不住了,要去厕所。"杜杜说:"我也要去。"两个人一起走了。她们刚刚离开,彬彬就走过来了,问小文:"我可以在这里玩吗?"小文说:"不行,这里已经满人了。"彬彬听了刚要离开,笑笑走过来说:"我可以在这里玩吗?"彬彬又一次凑过来,小文想了想,说:"好吧。"说完给了彬彬和笑笑每人一颗弹珠,彬彬和笑笑刚要玩,小文说:"不行,要一个一个玩,你们'石头剪刀布'决定吧。"结果,笑笑赢了(见图11-5)。笑笑刚要弹弹珠,小文说:"先不能弹,要等她们回来才行。"彬彬和笑笑都停下来等着。

图11-5

从小文的态度来看,他答应了所有想要加入游戏的同伴的请求,说明他是比较乐意接纳同伴的孩子。在与同伴的交往中,接纳别人能让他得到更多的友谊,正是因为这样,在接下来的行动中同伴也愿意接受他的建议,这是同伴对他的一种认可。在接纳新伙伴后，小文没有进行游戏，而是要求等待原来的队友，这是对同伴负责的表现。笑笑和彬彬主动听取小文的意见，一来说明她们对小文的认可，二来也说明她们都能遵守群体游戏的规则。

这时去厕所的伙伴回来了，五个人开始一起玩。玩了一会儿，杜杜发现自己没地方了，就跑到别的区玩。墨墨看到杜杜走了，说："人太多了，要一个一个来。"彬彬停下来等她指挥，但笑笑不听，坚持自己弹自己的，墨墨皱着眉说："你这样不行，你别玩了。"说着去抢笑笑的弹珠，笑笑不给，墨墨急得跳起来，边跳边喊："笑笑，你给我弹珠！"说着她不但从笑笑手里夺过弹珠，还打了笑笑一下，笑笑没还手，只是站到了一边。这时杜杜又回来了，看到笑笑站着，给笑笑拿了一颗弹珠，然后分腿站在弹珠洞前面，彬彬因为看不到弹珠洞很着急，说："你干吗呀，我看不见了。"见杜杜不离开，彬彬说："我不玩了。"说完，她放下弹珠走了。旁边的笑笑看了一会儿也放下弹珠离开了。墨墨看到她们俩走了，很开心地跳着喊道："我们再来打弹珠吧。"于是，弹珠区又变成了三个人，即杜杜、小文和墨墨。

游戏中，虽然杜杜来来去去，但是并不影响她是弹珠组的一员；反而是新加入的成员由于各种原因遭到了拒绝或干扰，最终离开了。这让我们看到，游戏最先参与的人员在原有成员心里占有重要的位置。

回应策略

（1）引导幼儿学说一些常用的交往语言，帮助幼儿学会一些交往的技巧。 从以上案例中不难看出，参与游戏的方式以及能否遵守群体游戏的规则成为幼儿愉快地进行群体游戏的重点。中班幼儿同伴间的交往越来越频繁，掌握交往的方法和技巧也成为培养他们的交往能力的关键。在矛盾发生时，教师不要急于插手，应尽量让幼儿自己解决，这样才能让幼儿在交往中找到原因，并从中寻找解决问题的方法。此外，教师还应教会幼儿使用一些礼貌的交往语言，并和幼儿讨论在几种特定的场景中发生矛盾时应该如何处理的方法。比如，当大家都想玩一件玩具时，可以与别人商量："我们可以一起玩吗？""咱们交换一下吧。"；当大家都想扮演一个角色时，可以通过与别人商量，采取轮换等方式解决。

（2）借助优秀的文学作品，引导幼儿学习处理矛盾的方法。 要想帮助幼儿学会处理同伴间的矛盾，掌握一些解决问题的办法，教师只通过枯燥的说教是很难达到目的的，而运用优秀的文学作品可以潜移默化地给幼儿以示范和帮助。教师可以借助《我要大蜥蜴》之类的图画书，引导幼儿学会表达自己的愿望，与他人讨论交往中的礼仪和细节；借助《和朋友们一起想办法》之类的图画书，帮助幼儿学习各种有趣的解决问题的办法。书中的小动物可能会成为幼儿的榜样，这样当幼儿遇到类似的情境时，就可以借鉴其中的经验，帮助自己解决问题。

（山东省淄博市通济花园幼儿园　王慧）

12. 拍球高手
——材料的创新组合让户外游戏更具挑战性

观察时间：4月

观察地点：户外球类游戏区

观察班级：中班

升入中班后，孩子们开始练习拍篮球。经过一段时间的练习，小小的篮球在孩子们手中拍出了各种花样——单手拍、双手交替拍、转身拍、两人对拍、双手同时拍、两球交换位置拍等。两个月后，原有的单一拍球游戏已经满足不了孩子们的需要，他们开始主动在拍球过程中添加辅助器械，由此演变出来的拍球形式也更加丰富多彩——在轮胎上拍球、骑着高低车拍球、在梯子上拍球（见图12-1）、在平衡木上拍球……

图 12-1

一个学期过去了，孩子们的拍球热情依然高涨，他们仍然在探索新的玩法。

4月的一天上午，户外活动开始了，孩子们自主选择了辅助器械，开始各自玩球。棋棋的运动水平在班里数一数二，早在一周前他就已经能够边跳转转球边拍球了（见图12-2）。活动开始后不一会儿，他便跑来对教师说："老师，这么玩太简单了，还有更难的吗？""你觉得什么样的玩法更难？""我可以加上水彩桶吗？""当然可以。"教师话音刚落，棋棋就扔掉手中的球，带着脚腕上的转转球朝器械室跑去。他从器械室里提出四个水彩桶，排成一列摆在操场上（见图12-3）。只见他捡起球，来到水彩桶的一端，抬起左脚迈到转转球前面，熟练地向后一踢，右脚上的转转球开始转动，然后他拍着手中的球，很轻松地绕过水彩桶的第一个拐角，原来他是在走S路线呀！（见图12-4、图12-5）过第二个拐角时，转转球碰到了水彩桶被挡住了，他手中的篮球恰好落到了转转球的柄上，被弹了出去。

一边拍球一边玩转转球，需要幼儿做到一心二用：既要控制好拍球的节奏，又要掌握好转转球的速度，保证球在转转球通过之后落地，这需要手、眼、腿高度协调、统一配合才可以完成。棋棋的运动能力实在让我们叹服！通过多次练习，棋棋的拍球技能已经达到了一定的水平，自信心也随着对器

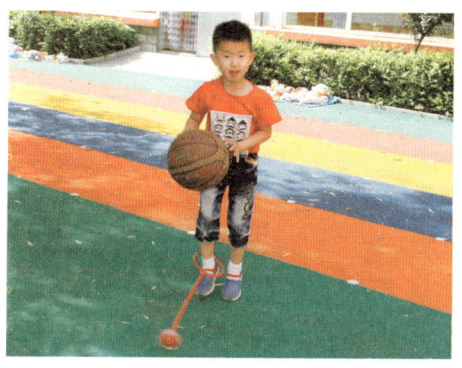

图 12-2

图 12-3

图 12-4

图 12-5

械玩法的熟练程度，慢慢增强。正是因为这种自信心的增强，使棋棋已经不再满足于原有的玩法，在征得教师的同意后，他添加了辅助器械——水彩桶，使游戏更加富有挑战性和趣味性。由此看出，棋棋不仅运动能力强，而且喜欢动脑筋，也乐于挑战。

　　第一次尝试受挫后，棋棋没有气馁，他捡起球重新开始拍，一次、两次、三次，转转球每次在拐角处都被水彩桶挡住。但是棋棋仍然没有气馁，他蹲下来拿着转转球的柄在两个水彩桶之间左右摇摆（见图12-6）。他把三个间隙都仔细地测量了一遍后，统一把水彩桶向后挪了挪，使两桶之间的距离明显大了很多。这次，棋棋又站回起点重新开始，并且顺利地绕过第一个拐角，到了第二个拐角时，脚上的转转球又被水彩桶挡住了！他边往起点走，边歪头打量着地面，好像在思索着什么……

图 12-6

在经历过几次失败后，棋棋开始寻找失败的原因。中班幼儿在日常生活和科学活动中已经学会了预测、观察等方法。当棋棋发现水彩桶间距是阻挡转转球通过的关键因素之后，他用自然测量的方法找到两个水彩桶之间的中心点，利用转转球的柄为半径旋转一圈，以此来决定水彩桶之间的距离，以保证自己能顺利通过。在测量的过程中，棋棋发现物体空间位置的大小直接影响转转球的转动，两桶之间的距离不能小于转转球旋转一周的距离。可见，问题的出现为幼儿提供了自主学习、主动探索的机会。在解决问题的过程中，幼儿应用原有的知识经验，通过不断的尝试获取了新的知识和经验。

再一次重新开始后，到了拐角处棋棋没有直接绕行，而是带着球向两个水彩桶中间的位置靠拢（见图12-7），平移前进。他用同样的方法，顺利通过了前面两个拐角。过第三个拐角时，地面上的小裂痕把脚上的转转球卡住了，他赶紧挪动水彩桶（见图12-8），避开了那段坑洼地面。

图 12-7　　　　　　　　　　图 12-8

之后，棋棋又进行了尝试。这一次，他用画折线的方法十分顺利地通过了三个拐角。哇，终于成功了！教师和旁观的孩子都兴奋地为他欢呼起来。

通过思考，棋棋不仅调整了水彩桶之间的距离，还改变了行走路线。顺利通过前面两个拐角，让棋棋获得了成功感，但由于地面裂缝的原因，他的转转球又被卡住了，再次失败。这次他行动迅速，将水彩桶挪到新的位置，直接对自己创设的游戏场地做出了改变。

棋棋在自主游戏过程中，主动发现问题、探究问题，还通过自己的思考和探索，找到了解决问题的方法。在这一过程中，他的观察能力、思考能力、动手能力、拍球的运动技能以及身体的协调能力都得到了锻炼。游戏的过程中，他不怕失败，勇于挑战，坚持不懈，意志力也得到了发展。游戏最后的胜利，以及教师的肯定和同伴的掌声，更让棋棋充分体验到了成功的快乐。

回应策略

（1）**分享棋棋的经验，培养幼儿自主解决问题的意识和能力**。进入中班以后，随着能力的提高，部分幼儿开始有了自己解决问题的意识，但有的幼儿遇到问题时仍然会下意识地寻求别人尤其是教师的帮助。上述案例中，教师可以在活动结束后，采用视频或图片的方式分享棋棋的活动过程，并与幼儿一起讨论："当你在玩的过程中，遇到转转球被水彩桶挡住的情况，你会怎么办？"请幼儿说说自己的解决办法，然后请棋棋说说他是怎么做的。通过棋棋的分享，让孩子们明白游戏过程中失败的原因可能是多方面的，我们要分析问题的原因，学习独立解决问题的方法。类似这样的分享与交流活动，对提高其他幼儿的认知水平，培养其独立解决问题的意识和能力都是有益的。

（2）创设宽松的氛围，为幼儿的挑战提供心理上的支持。游戏过程中，当幼儿遇到问题求助于教师时，教师要耐心地倾听他们的诉求，对他们的想法给予肯定和鼓励；当幼儿想挑战新的难度时，要对其挑战的安全性做出评估。只要在安全的范围内，教师就应该给予肯定和支持，学会以欣赏的眼光鼓励幼儿。

（3）提供辅助材料，满足幼儿不断挑战的愿望。运动游戏中，当幼儿熟练地掌握新动作后，他们锻炼的兴趣会有所减弱。教师可以提供一些辅助材料，让幼儿进行材料的创新组合，自主开发出更多的新玩法。本案例中的棋棋，就是因为充分利用了水彩桶，才自己发明了新的玩法。这样，不仅有利于幼儿运动兴趣的保持，还有利于幼儿综合技能的发展。

（山东省淄博市周村区正阳幼儿园　韩春萍）

中 班

13. 好玩的小山坡
——一起解决问题的过程会激发幼儿的合作意识和创新能力

观察时间：5月
观察地点：户外运动游戏区
观察班级：中班

户外自主游戏时间，中（一）班的孩子们正在运动游戏区快乐地忙碌着。他们有的在搬运器械，有的在和小伙伴一起用器械摆路线，有的在爬梯子，还有的两三个人一起在玩滚桶，等等。

孩子们特别喜欢运动游戏区，每次都能玩出不同的花样，搭出不同的路线。与先前教师们搭的路线相比，他们的创造力更强，想象力更丰富。因此我们不得不承认，孩子才是真正的"游戏专家"！

有几个小男孩正在几块绿色的大垫子上跑来跑去，滚来滚去。笔者走到他们身边，问道："你们在玩什么呀？"一个男孩回答："我们在玩'山坡'游戏。老师，'山坡'太好玩了！"笔者仔细一看，原来这几块垫子正好被放在了台阶上，形成了一个斜坡，结果被聪明的小朋友们发现了，于是他们借机玩起了"山坡"游戏。只见他们一会儿从"山坡"上跑下来，一会儿又从"山坡"上滚下去，玩得不亦乐乎（见图13-1）。他们边玩，嘴里边不住地说着："好刺激呀！太好玩了！"

幼儿园自主游戏观察与记录

图 13-1

孩子们利用看似不起眼的垫子和台阶形成的坡度（不知是孩子们自己搭的，还是教师无意中放的），玩起了能带给他们无限刺激和快乐的"山坡"游戏。由此看来，孩子们的观察力、想象力真的令人佩服！同时也让我们思考：如果幼儿园里能有一个大大的山坡，那将是孩子们快乐的天堂！

几个小男孩在垫子上爬了滚，滚了爬，大约玩了十几分钟。这时，笔者走到他们身边，提醒道："能不能想想办法，让你们的'山坡'变得高一点。"一个叫东东的小男孩闻言停顿了一下，说："没问题！"说完，就招呼另外两个小朋友一起帮他抬垫子。东东发现墙边有一个窗台，离垫子很近，就招呼另外两个人抬着垫子的一头往窗台的方向拖，他自己则抬着垫子另一头往前推，三个人一起努力往窗台上搭（见图13-2）。

由于窗台较窄，而且又是斜面，所以垫子刚搭上去，一不留神就掉了下来，更不用说人从上面滚下来了。三个孩子尝试了几次，都没有成功，他们觉得这个办法不行，开始想别的办法。他们发现周围有一个小木架，于是有一个小朋友跑过去把木架搬过来（见图13-3），三个人又开始一起抬着垫子往上搭，试了几次还是不行。因为垫子太大，木架太小，而且木架中间没有横杆，人一上去，木架就往后倒，垫子就落在地上了。

后来，他们又搬来了一张小黄桌，方法同前，不过这次基本成功了，人勉强能从上面往下滚。不过，需要一个小朋友用腿压住小黄桌，这样小黄桌才不会往后跑（见图 13-4）。

图 13-2

图 13-3

图 13-4

笔者一句不经意的提醒，拓展了孩子们的思维。他们多次想办法搭建高一点的"山坡"，几番尝试后，终于成功。仅从这一点来看，幼儿合作的重要性不言而喻，而中班的小朋友能做到这一点，真的很不容易。活动中，孩子们表现出来的不放弃、善于总结经验以及相互间的分工与合作，让我们更加坚信：孩子是有能力、有自信的学习者，他们的潜力是无穷的。

这时，好玩的"山坡"游戏又吸引了另外几名小朋友加入。可是人一多，不遵守游戏规则的情况就出现了。有的小朋友根本不听指挥，只顾一个劲地玩闹，因此不一会儿，"山坡"就变得不再牢固，又变回了最初的样子。

这时，有一名叫齐齐的小朋友跑到垫子中间，一边招手一边大声地喊："停一停！停一停！我们把'山坡'变长一点，谁帮我抬垫子？"东东听到后立即跑了过去，和齐齐一起从旁边抬了一块垫子放到"山坡"的低处，与另外一块垫子接起来。

此时"山坡"长了许多，孩子们玩得高兴极了（见图13-5）。玩了一会儿，齐齐和东东又想出办法让"山坡"变宽；他们还拿来拱形门放到垫子上，变出有"山洞"的"山坡"（见图13-6）。

图13-5　　　　　　　　　　　图13-6

这样玩还不尽兴，经过几次尝试，他们最后又抬来了拼插滚桶，把垫子搭在上面，搭建出又高又长且凹凸不平的"山坡"（见图13-7）。

在这个过程中，齐齐小朋友还不断地发现问题，比如，"这里不安全，过来一个人帮忙""那里的小朋友太多了，要排队"，等等，俨然是个小指挥家。

以上游戏过程，让我们再次看到了孩子们无穷的智慧和永不放弃的探索精神。尤其值得一提的是齐齐和东东，他们在游戏中表现出了良好的合

中 班

图 13-7

作、指挥、解决问题的才能。他们不断地创新玩法，让"山坡"变化无穷，越来越有难度，越来越富有挑战性，越来越好玩。在活动中，齐齐发现"山坡"存在不安全因素，就提醒小朋友要排队玩。作为一个中班的孩子，能这么细心，考虑事情如此周全，真的不简单；也让我们感觉到，其实孩子们是有安全意识的，教师要相信孩子，学会适当放手。

回应策略

（1）**继续带领幼儿探索各种"山坡"游戏。**为了进一步激发幼儿继续探索"山坡"游戏的兴趣，满足他们的愿望，教师可趁热打铁，利用游戏后的分享与交流环节，对那些在"山坡"游戏中能积极动脑筋想办法搭建出各种各样的"山坡"的幼儿，进行表扬和鼓励，同时进一步引导他们思考：还可以用哪些材料搭建出"山坡"？如何让"山坡"变得更牢固、更好玩、更有趣？等等。针对幼儿的讨论，教师可提供更多的可搭建"山坡"的游戏材料，如木板、长凳、桌子、轮胎、泡沫垫、体操垫等，让幼儿继续探索各种"山坡"游戏。

（2）**教师的关注与指导要跟上。**在幼儿游戏的过程中，教师在管住嘴、管住手的同时，更要密切关注幼儿的游戏情况。教师可把全班幼儿分成几组进行游戏，避免人多相互挤压的状况出现。在幼儿探索搭建"山坡"的过程中，教师可根据现场的具体情况（比如，出现安全隐患，搭建中幼儿遇到了自己解决不了的困难，等等），给予必要的帮助、支持和引导。

（山东省淄博市世纪花园幼儿园　只青）

14. 夏日小凉棚
——幼儿具有令人惊叹的游戏目标和毅力

观察时间：5月
观察地点：户外建构游戏区
观察班级：中班

"五一"假期归来，一连两天都是烈日高温的天气。户外建构游戏区处于幼儿园院子的暴晒范围，没有树木或者其他建筑物的遮挡。因此，从健康角度考虑，户外游戏时间，教师建议孩子们选择其他有阴凉的游戏区域。但这并没有阻挡妞妞和小伙伴的搭建行动，户外时间一到，她第一个冲到建构游戏区开始搬运木头，看到心心、雨雨和然然还没有选择好游戏区域，又主动招呼她们一起搭建。妞妞一边运木头，一边对几个小伙伴说："咱们搭张床吧！"于是，四个小女孩开始搭床。

妞妞比较有主见，坚持选择了教师并不提倡的建构游戏区。因为她的率真、开朗和好人缘，所以小伙伴们才会对她一呼百应，听从她的安排。

她们用平铺长木板的方式很快搭建好了一张小床，妞妞对年龄最小的然

然说："你躺下试试！"然然躺下，面对强烈的太阳光马上用手遮住眼睛："好晒啊！太热了，我不躺了！"说着就要离开。妞妞一把拉住然然，对另外两个小伙伴说："咱们给她搭个凉棚吧！"心心和雨雨点头同意，但不知道该怎么做。妞妞比画着说："就是搭个盖子挡住太阳。"两个小伙伴还是一脸茫然。妞妞着急了："你们怎么不知道凉棚呢？就是个盖子。"可是，心心和雨雨还是感到茫然无措。这时然然离开了，妞妞急得直跺脚，抬头看见教师，赶紧求助："王老师，你快跟她们说说。"经教师简单讲解后，三个人开始

图 14-1

图 14-2

搭建凉棚。妞妞负责搭，心心和雨雨负责来回搬运长木板。搭到一半的时候，妞妞弯腰爬进去（见图 14-1），体验了一下说："好凉快啊！"

然后，她把然然找回来请她欣赏。然然开心地加入到搬运长木板的行列中，妞妞则指挥着心心和雨雨一起搭建另外一半凉棚（见图 14-2）。

妞妞在搭建凉棚的整个过程中表现出了"领袖气质"。在由四个小伙伴组成的这个小群体中，妞妞显然号召力很强，发挥着安排、分工、协调的"指挥官"作用。搭好床以后，妞妞会照顾年龄小的然然让她首先体验；出现"不知道什么是凉棚"的沟通障碍时，妞妞虽然焦急但没有放弃，选择了向教师寻求帮助，努力地解决问题；搭建好凉棚的雏形后，她没有忘记原先的合作

伙伴，将然然找回并吸引她重归搭建队伍。

随着气温的升高，凉棚搭建的速度慢了下来。几个小姑娘热得满脸通红，坐在木头上喝水休息了约5分钟。心心说："好热，不搭了。"雨雨点头表示同意。然然看看妞妞，妞妞说："我找人来帮忙吧。"妞妞在附近找了两个男孩，先请他们到已经搭建好的凉棚雏形里体验，男孩们表现得很开心（见图14-3）。

图 14-3

陆陆续续地，又有几个男孩子也加入到搬运木头的行列中。然然则一直跟着妞妞一边搬运木头一边配合搭建凉棚。

很快，小凉棚建成了，妞妞还是先请然然进凉棚休息，然后拿来毛绒玩具哄她玩（见图14-4）。

图 14-4

想要搭建一个小凉棚也不是容易的事。快要成功的时候，有人想要退缩了。面对这样的局面，妞妞没有放弃，她找来了力气大的男孩帮忙。终于搭建成功后，妞妞又请然然到凉棚下乘凉，玩起了角色扮演游戏。从中我们能够看出，妞妞在游戏中有很强的主动意识和较高的游戏水平。

心心和雨雨也想进到凉棚里面休息，妞妞欣然同意："你们也搭建了，你们当然然的姐姐吧。我是妈妈，你们照顾好妹妹，我买点东西去。"很快，妞妞从角色游戏区"购买"了一条大纱巾，然后挪走凉棚顶端的装饰性木头，将纱巾盖在上面（见图14-5）。心心、雨雨和然然看到妞妞"买"的纱巾也想购物，于是一家人前往"超市"购物。购物前，有人想进入凉棚休息，然然不同意，妞妞说："没关系，这是公用的，大家都能休息。但是，弄坏了要赔的！"

图 14-5

以妞妞为主导的"夏日小凉棚"搭建过程一波三折，但在妞妞乐观、积极的态度下，终于搭建成功。凉棚建好后，孩子们非常自然地玩起了角色扮演游戏。这让我们感受到，在孩子们的游戏中是没有类别之分的，常常是建构、角色、运动、表演等游戏类型融在一起。其实，这才是幼儿游戏的真实状态。

回应策略

（1）**户外建构游戏区的地理位置以及投放的材料应该根据天气情况进行调整。**盛夏临近，幼儿对建构游戏的兴趣浓厚，即使烈日当头也不想放弃。因此，幼儿园不妨根据天气情况对户外建构区做适当调整，或者在户外建构区设置临时的遮阳乘凉设施，如凉棚、遮阳伞等。这样既能满足幼儿游戏的需求，又能避免幼儿因天气过热而出现身体不适、中暑等情况。教师也可以结合天气情况及幼儿的兴趣，在户外建构游戏区适时提供一些遮阳设施的图片资料，供幼儿自主选择和参考。这样，既可以丰富幼儿搭建的内容，也便于幼儿间相互交流和沟通。

（2）对表现突出的幼儿给以更多鼓励、信任和放手，发挥他们在群体中的带动作用。每个班级都会有几个像妞妞这样具备"领袖气质"的幼儿，他们有的有组织领导能力，有的特别有想法、有创意，有的特别大度、忍让和坚持……教师可在平时的生活中，或游戏后的分享与交流环节给予他们肯定和鼓励，以此影响和带动其他幼儿。同时，在游戏活动中可对他们更信任、更放手些，让他们充分地去展现和表达，从而得到更充分的发展。

（山东省淄博市周村区嘉源幼儿园　白黎明）

15. 滑梯变小床
——反复尝试会让幼儿体验到成功感

观察时间：4月

观察地点：户外建构游戏区

观察班级：中班

自主游戏一开始，惜惜便拉着木制小车迅速跑向材料橱，去选择自己需要的材料。走到材料橱前，惜惜蹲在地上想了一会儿，然后选择了两块长板放在小车上，拉到了自己的游戏场地。

户外建构区里的木制小车深受孩子们的喜爱，但是由于数量不多，有时会出现争抢的情况。所以，这次惜惜选择先拉车再思考搭建的内容。惜惜蹲在地上思考的动作表明，她在搭建之前是考虑过搭建主题和材料的问题的，这也正符合"4—5岁幼儿玩建构游戏时目的性增强，会初步考虑根据需要选择材料"的特点。

惜惜又拉着小车挑选了一块圆柱形积木，然后把它放在了长板下面。笔者问道："惜惜，你在干什么呀？""搭滑梯。"说完，她又跑去拿了一块圆柱形积木，这样就搭成了有两块长板的小滑梯（见图15-1）。

图 15-1

搭完后，惜惜爬上去还没开始滑，滑梯便一下子全散了架。惜惜见状立马跑到材料橱又取了两块长板，放下后，又开始去取圆柱形积木。这次惜惜不再是一块一块地取，而是先数了数有几块长板，接着往材料橱跑，一边跑还一边回头用小手点数着，这次取回来的两块圆柱形积木正合适做滑梯用（见图15-2）。

图 15-2

惜惜其实是一个非常善于总结经验的孩子。在第一次取圆柱形积木时，她分两次取了两块；第二次取时，她能够总结前面的经验知道需要几块取几块，在去取的路上还不时地回过头点数，生怕忘记数量。从中，我们能看出惜惜的认真、仔细和用心。

惜惜小心翼翼地再次爬上小滑梯，由于只是用四块圆柱形积木支撑着四块长板，稳定性不够，所以惜惜的滑梯再次以失败告终。惜惜嘟囔着："哎，怎么还不行啊？""咦？我还可以……"惜惜没有气馁，她仿佛发现了新大陆似的，转身又跑向材料橱，一边跑一边回头。这次惜惜把取来的四块圆柱形积木放在了小滑梯矮的那一边，于是一张小床搭成了。

> 惜惜是班里年龄最小的孩子，对于一个只有四岁半的孩子来说，失败了两次还能继续坚持，这种认真、专注、不放弃的精神值得鼓励。惜惜在多次失败后能转变思路——"搭不成滑梯，我可以搭小床"，遇到问题尽可能自己尝试解决，这体现出她思维的灵活性。

心满意足的惜惜高兴地爬上小床，结果刚躺下又爬起来。她蹲在自己的小床边低着头看床底，看了一会儿后，走向材料橱，又取了两块圆柱形积木，放在了小床下面中间的位置（见图15-3）。

笔者问道："你把什么东西放到了床下面啊？"惜惜说："我怕我的床不稳，就又放了两块圆柱形积木，这样就稳当了！"她还在床上面放上了两块长方形积木，当作她的小枕头和小脚枕，之后，便舒舒服服地在上面玩了起来（见图15-4）。

图15-3

图15-4

> 经过之前的游戏，惜惜明白了应该怎样让小床更稳固。为避免失败，她搭好了还不忘记再检查一遍，随后在小床下面的中间位置

增加了圆柱形积木作为支撑。最后，惜惜把两块长方形积木当作小枕头和小脚枕，说明她的以物代物能力和创造能力都很强。

回应策略

（1）**提供相应的材料，帮助幼儿固定木板，实现搭建滑梯的愿望。** 案例中，惜惜搭建滑梯未能成功，是因为材料选择得不合适。因此，教师可以提示她选择更适宜的材料，如将多块长方形积木摞起来做滑梯的支架等，以帮助她获得成功。

（2）**丰富幼儿的经验，提升幼儿的建构水平。** 从案例中可以看出，惜惜的建构游戏水平不是很高，搭建的内容也相对简单。教师可以在平时的活动中，有意识地通过多种方式丰富惜惜的建构经验，帮助她扩展建构内容。比如，引导她观察其他幼儿的作品，观察建构作品的图片，多倾听其他幼儿分享的经验，请有经验的幼儿跟她一起搭建，等等。

（山东省淄博市市直机关第三幼儿园　胡业群）

16. 好玩的滚桶
——创造性使用材料的能力在与同伴互动中提高

观察时间： 4月
观察地点： 户外大运动区
观察班级： 中班

本周的户外活动区域是幼儿园南院的大运动区。今天，真真选择了自己喜欢的大滚桶。活动开始时，真真只是将滚桶在院子里滚来滚去，尽情地和滚桶一起来来回回地"疯跑"。过了一会儿,他就将滚桶滚到了正在玩角色游戏的几个男生旁边。"打扰一下,你们在玩什么游戏呀?"真真问。"我们在玩战斗游戏。"大民回答。真真和他们进行简短的交流后,又推着滚桶继续游戏。这时原本玩角色游戏的承儒要求和真真一起玩,两人很快地玩到一起。

就这样,承儒钻到滚桶里,真真推着滚桶向前走,两人合作得很快乐,爽朗的笑声不时地从滚桶里面传出来。过了一会儿,在玩角色游戏的大民经不住诱惑,也参与到真真的游戏中。他们三个人一起玩起了"转圈圈"的游戏,真真和大民两人边合力推着承儒,边互相商量着:"往那边推……再往这边一点……我们快一点可以吗?"而钻在滚桶里面的承儒看起来很是享受(见图16-1)。

图16-1

趁着大民和承儒去喝水的工夫,真真好像又有了新主意,他把滚桶迅速滚到大滑梯旁边,借着滑梯台阶的扶手,爬到了滚桶上,站稳后慢慢地将自己的双手松开,让身体直立起来(见图16-2)。看到真真的独特"表演",柏豪赶紧跑到真真面前说:"哇,真真,你好厉害啊!你还能站在上面,这也太难了吧?"真真回应道:"一点都不难,扶着栏杆慢一点儿上就能上来。"

两人一番交流过后,真真慢慢地

图16-2

爬下滚桶，接着将滚桶旋转360度，飞快地推向另一处。

一直在玩游戏的真真有些口渴了，他推着滚桶向水壶跑去。在喝水的时候，他也不忘一手拿水壶，把另一只手放在滚桶上，生怕滚桶被别人抢走了似的。喝完水后，他并没有停下来休息，而是继续推着滚桶到处走。

名谦也在玩滚桶，当他看到真真推着滚桶向他跑过来时，也赶紧上去"迎战"。就这样，两个人决定开展"对抗赛"，几个孩子看到后也参与到"对抗赛"的游戏中。

一个简单的"滚桶对抗赛"让孩子们玩得不亦乐乎！（见图16-3）

在进行过几次"对抗赛"后，参战的孩子可能有些累了，没有了一开始的劲头。真真趁机把滚桶滚到一边，又开始了他自创的游戏。他将滚桶用力地竖起来，再翻过去，然后从旁边找来一个半圆形门放在了滚桶旁边，之后踩着半圆形门站到了滚桶上。

真真第一次站上去看起来很有成就感，所以他接着连续尝试了好几次。政辰也赶来了，他们共同玩起了一个滚桶。不同的是，两个人

图16-3

下滚桶的方法不同：政辰每次都是从上面跳下来；而真真每次都是坐在上面，然后双手一推滚桶跳下来（见图16-4）。

看来真真的确很喜欢滚桶，他运用材料的能力也非常突出。一个滚桶可以引发他这么多的游戏内容：推着跑，站在桶上玩，钻进桶里滚，玩滚桶对抗赛，从滚筒上往下跳……在自主游戏中，我们常常会发现，孩子们有着很强的创造性使用材料的能力。同时也会发现，孩子们在这方面往往会受到同伴的影响，彼此激发、互相学习。

正当真真想再次站到滚桶上的时候，耿溪两手拿着饮料瓶跑过来说："你们玩了这么长时间，渴了吧？我给你们送'饮料'来了！"说着将手里的"饮料"递给了真真和政辰。后来，真真和政辰又发现可以将桶当鼓来敲，于是召集耿溪拿饮料瓶过来，声音越敲越大，闻声来敲鼓的人越来越多，就这样很多小伙伴都拿着自己手中的玩具，开始了一场别开生面的"音乐会"（见图16-5）。

游戏中，随时都有伙伴参与进来，而真真没有一点排斥和抵触，都欣然接受，和大家一起玩游戏，这是值得很多孩子学习的。

图 16-4

图 16-5

之后，在耿溪的邀请下，真真决定做一个"卖饮料"的人，他把自己的滚桶倒过来装更多的"饮料"，让小伙伴来买自己制作的"饮料"（见图16-6）。他拿起一个饮料瓶和一个锅盖敲打起来（见图16-7），边敲打边吆喝："乡亲们，快来买我的饮料啊，我的饮料可甜啦……"在他的敲敲打打和大声吆喝中，"饮料"很快就被卖完了。最后，真真还送给笔者一桶"饮料"，说是让笔者尝尝鲜，这次是免费的，等下次要拿钱去买他的"饮料"呢！

中班

"卖饮料"的环节是孩子们日常生活经验的体现，他们运用已有的经验对自己的产品进行推销，用独特的叫卖方式吸引顾客。

滚桶刚刚被投放进来时，孩子们只是单纯地将它们在场地上滚来滚去，或者把它们架在梯子上进行游戏。有一段时间，孩子们甚至很少选择它们来玩游戏。真真的滚桶游戏引发孩子们想出了各种玩滚桶的方法：钻在滚桶里面滚动，把两个滚桶相撞比比谁的力气大，从滚桶上面跳下来，两人同时站在滚桶上，把滚桶当大鼓敲，将里面装满"饮料"进行"卖饮料"的游戏……这样有趣的游戏带给孩子们很多快乐。

整个活动中，孩子们不仅锻炼了身体，还体验到了与同伴一起玩游戏的快乐。

图 16-6

图 16-7

回应策略

（1）**分享、讨论滚桶的更多玩法。** 教师可以组织幼儿开展以"滚桶的玩法"

111

为主题的交流、讨论活动,通过幼儿间的相互学习、思维碰撞以及观看其他班级幼儿玩滚桶的图片和视频等方式,激发幼儿探索滚桶玩法的兴趣。

(2)组织幼儿进行有关声音的科学探索活动。游戏中,"敲鼓"的环节吸引了大批幼儿参与。教师不妨以此为契机,组织一个关于声音的科学探索活动,引导幼儿探索用不同材料"敲鼓"以及敲不同部位时声音的变化,还可以引导他们探索"敲鼓"的力量不同、人数不同等所带来的声音的变化。

(山东省淄博市世纪花园幼儿园　刘艳卫)

17. 柿子花蛋糕
——合作中的矛盾和问题正是幼儿成长的契机

观察时间：5月
观察地点：户外沙池游戏区
观察班级：中班

自主游戏时间,孩子们飞速奔向沙池游戏区,彤彤、蒙蒙和玉玉高兴地爬到了木制小桥上,在那里跳来跳去、爬上爬下地玩着,一会儿工夫都蹲下来不动了。教师走过去发现,她们正围着一个红色的塑料墩子说着什么。彤彤说:"哎,我们把这个墩子推下去吧?"玉玉说:"别,我们用它来做蛋糕吧?"蒙蒙听了马上高兴地说:"好,好,好,就用它来做蛋糕吧!"玉玉对彤彤说:"你去找个东西接点儿水上来,我在这里看着。""好的。"彤彤答应着飞一般地跑下了木制滑梯。蒙蒙说:"我再去找点做蛋糕的东西来。"

不一会儿,彤彤就找来了一个白色的搪瓷水杯,里面装满了水。玉玉把水接过来,又吩咐她去弄沙子。这时候,蒙蒙找来了很多柿子花蒂。很快,

她们面前的木制平台上就摆满了所需的工具和材料。三个女孩开始忙碌起来，她们先是往墩子上撒了些沙子，再淋上一些水，沙子就变湿了，然后把柿子花蒂一朵一朵地按到上面。蒙蒙还找来一个粉色的羽毛塑料球放在中间，"蛋糕"瞬间变得好看起来（见图17-1）。

图 17-1

眼看着柿子花蒂都用完了，彤彤蹲下来问蒙蒙："还要不要柿子花蒂呀？"蒙蒙头也不抬地说："要。""那我再去找点儿。"彤彤说完便飞也似的跑向东墙边的柿子树。

沙池周围种了一些柿子树，夏天到了，柿子花开过后，一些柿子花蒂渐渐开始往下掉，没想到它们成了孩子们游戏的绝佳材料。孩子们之所以玩这个做"蛋糕"的游戏，可能是受大班幼儿的启发。前一天，她们看见大班的几个女孩就用这些材料做过"蛋糕"。可以看出，三个女孩中，玉玉处于指挥者地位，蒙蒙有自己的创意和想法，而彤彤处于被动服从的地位，但是她的动手能力很强，并且会主动询问同伴需要做什么。三个女孩虽然分工不同，但游戏中能够看到她们自然且自发的合作。

很快，彤彤双手捧回来许多柿子花蒂，玉玉说："你给我一半，咱们分开做吧!"彤彤把柿子花蒂放到地上,和玉玉分别数起来,"一个,两个……九个。"玉玉数到九个的时候,彤彤数到八个便没有了。彤彤大叫起来:"不行,不行,我的少,你的多,是我捡来的柿子花蒂。"玉玉大声说:"是我找来的墩子。"蒙蒙说:"别吵了,你们再重新数一遍吧!"两人把花蒂放在一起又重新数起来。

灿灿一直在旁边看着。这次彤彤数得快些,她数到九的时候,玉玉数到八花蒂就没有了。这时,玉玉不高兴地说:"我的少,你的多。"彤彤大声说:"可这是我捡来的。"正当两个人争吵不休的时候,灿灿手里拿着几个柿子花蒂走过来说:"我这里有柿子花蒂,你们还要不要?"玉玉边说"要",边拿了一个。然后,她说:"我也九个了,我们继续做吧!"灿灿马上说:"我也想做。"玉玉说:"好吧!"于是,灿灿欣喜地加入了进来。

孩子们在游戏中遇到了问题,她们想平分捡来的柿子花蒂,但因为总数是单数而没有成功。这时候,灿灿加入进来,她既解决了两个孩子的花蒂不一样多的问题,又巧妙地加入到制作"蛋糕"的游戏中。课堂中的数学知识在这里得到了很好的练习和延伸。谁还敢说游戏中就没有学习呢?

几个小伙伴蹲下来继续制作"蛋糕"。蒙蒙说:"我再去弄点沙子来。"彤彤很快地把柿子花蒂插到"蛋糕"上,玉玉边摆边说:"这样乱摆不好看,还是摆整齐了好看,你看我的。"彤彤说:"好吧,那我们把它们摆整齐吧!"彤彤开始慢慢地摆起来。摆着摆着,彤彤拿起水中的一片树叶说:"这个摆上好不好看?"玉玉马上说:"这个和柿子花蒂不一样,不好看。"于是,彤彤就把树叶扔到了一边。在摆柿子花蒂的时候,羽毛球总是歪来歪去,于是玉玉就把羽毛球拿了下来。她把沙子混到水里再捞出来,在手里团过来团过去,很快就做好一个圆圆的沙球,然后小心地把它放到了"蛋糕"中间,又在上面放了一个最大的柿子花蒂(见图17-2)。

灿灿和蒙蒙也学着玉玉的样子做起了沙球,沙球渐渐围满了"蛋糕"的最上层,灿灿还把柿子花蒂中间的小柿子抠出来点缀其间(见图17-3)。原本

图 17-2

图 17-3

杂乱无章的柿子花蒂在玉玉和彤彤的摆弄下很快变得有序了,"蛋糕"也变得精致起来。教师问道:"你们做的是什么蛋糕呀?""就叫柿子花蛋糕吧!"

在这三个女孩中,玉玉是最有主见的,是她先发起了游戏。除了受大班孩子做"蛋糕"的影响外,也与她的生活经验有关。因为玉玉妈妈卖菜的摊位旁边就是一个蛋糕店,她天天都到那里玩,对蛋糕的样式非常熟悉。因为有这样的生活经验,玉玉更注重"蛋糕"的美观,在她的带领下,大家都有了精益求精的追求。彤彤也变得耐心、细致起来,并且当她有想法的时候,会征求玉玉的意见。玉玉在拒绝她的同时还会把原因说明,并且亲自示范,这样就更利于同伴接受,足见玉玉有较高的语言表达和社会交往能力。

自主游戏快结束的时候,有个男孩跑过来把"蛋糕"弄坏了,然后把墩子搬到了墙边。灿灿见了,只能无奈地大哭一场。

回应策略

(1)**现场欣赏幼儿的作品,给予幼儿足够的肯定和鼓励**。教师可以在游戏结束时,请全体幼儿一起来欣赏这个"蛋糕",请女孩们介绍自己的想法和做法。大家一起聊一聊、说一说自己吃过的、见过的蛋糕都是什么样子的,在沙池做"蛋糕"还可以用什么材料,这些材料还可以怎样摆放使之变化出不同的花样,等等。在鼓励几个女孩的同时,也激发其他幼儿的兴趣,拓展他们的经验,鼓励他们今后在同类活动中表现出更多的创意。

(2)**和幼儿一起探讨平均分配物品的问题**。上述案例中,两个女孩遇到了难以平均分配柿子花蒂的问题。因此,在分享与交流环节,教师可以请其他幼儿帮忙想办法,如互相谦让,再去找一个,找其他材料替代,把多出来的一个放到"蛋糕"最顶端,等等。教师还可以把这个问题物化成益智区的一份操作材料,引导幼儿通过实际操作去探索这一问题的解决方法。

(3)**组织幼儿讨论作品保留的规则**。教师可以与幼儿一起讨论:"××把小伙伴做的'蛋糕'破坏掉,收墩子有没有错?用什么办法能让大家都高兴……"通过这种方式引导幼儿意识到,只要不影响下次其他小朋友玩游戏,沙池中有些作品是可以保留的,如这次女孩们做的"蛋糕"。但需要明确的是,其他材料是必须要收起来的。

(山东省淄博市市直机关第三幼儿园　胡芹)

18. 滚桶对抗赛
——关注公平会引发幼儿建构自己的游戏规则

观察时间:6月

观察地点:户外运动游戏区

观察班级:中班

盛夏时节,烈日当头,今天中(二)班的强强特意戴上了一顶迷彩遮阳帽。他在简单的热身活动后,与同班的几个小男生合力推着红色油桶往大门口方向滚动着玩。与此同时，中（一）班的然然等几个小伙伴滚动着蓝色油桶也向大门口方向行进。结果，两个油桶碰在一起，强强一低头，帽子掉进了两个桶之间卡住了。强强着急地大声哭喊起来："我的帽子！我的帽子！"两组小伙伴面面相觑。强强看向毛毛说："我的帽子！"同样戴了遮阳帽的毛毛让大家不要动，然后弯腰蹲下从两桶

图 18-1

缝隙中查看帽子被夹的位置（见图 18-1）。之后，大家听从他"都往后退"的指挥，把强强的帽子取了出来。

强强的年龄比毛毛大，但在遇到问题的时候第一反应却是大声哭叫，说明他的依赖性比较强；而毛毛的表现表明他更机智和沉稳一些。强强没有向教师和其他人求助，而是选择了毛毛，除了两个人关系比较要好外，还有一份信赖的因素在其中吧。

两组孩子继续推桶，互不相让。强强戴上帽子后加入了原来的队伍，又有几个小朋友陆续参与了进来。随着双方用力的不同，油桶一会儿滚向这边，一会儿滚向那边。不一会儿，红色油桶以压倒性优势步步推进，蓝色油桶则"节节败退"。

中（一）班的小佳骑着羊角球路过，她看了一会儿，笑眯眯地说："这个比赛不公平，推蓝桶的都是女孩（准确地说是三个女孩和一个男孩），推红桶的都是男孩。"（见图 18-2）两队人马立刻停止滚桶，开始讨论起这个问题来。

如果没有小佳的提议,也许比赛很快就结束了。因为对于中班的孩子来讲,他们也只是一时兴起进行比赛,对于比赛的规则和基本常识并不是很了解。小佳的话引起了他们的反思,他们开始尝试制定比赛规则。

图 18-2

边边问:"小佳为什么说比赛不公平啊?"毛毛回答:"因为女孩子力气小,男孩子力气大,所以一起比赛很吃亏。"强强说:"女孩子别比了,我们男孩子比!"结果,马上就出现了反对的声音,小彩说:"为什么不能让女孩子比啊,我们想比!"瑞瑞看向毛毛:"那怎么办?"毛毛问小彩她们:"我们先比,你们再比,行吗?"小彩等几个女孩子点头表示同意。就这样,协商的初步结果是比赛重新分人,重新开始;女孩子先休息,男孩子先比赛,两队人数要一样多。瑞瑞忽然想起了什么,说:"人家比赛都有裁判,我们没有!"几个小朋友面面相觑:"谁当裁判啊?"强强大声叫:"毛毛当裁判!"毛毛说:"我当裁判,我给大家加油!"几个小伙伴表示同意。于是,正式的推桶比赛开始了。毛毛一边为两队呐喊助威,一边提醒大家注意别夹到手。比赛热火朝天地进行起来(见图18-3)。

中 班

图 18-3

孩子们能够自己制定游戏规则，真是很了不起！小佳发现了比赛的不公平之处，经她提醒，孩子们马上意识到要有规则——"女孩子别比了，我们男孩子比""女孩子先休息，男孩子先比赛""两队人数要一样多""比赛要有裁判"……不合理的规则被否定，合理的被执行。孩子们对规则的认识以及遵守规则的意识和能力就这样不断地得到提升。

推桶比赛引起了周围小伙伴的关注与认可，大家或当观众或扮演啦啦队员，一起参与了进来。当蓝色油桶队将红色油桶队推到墙边的时候，毛毛说："好了，蓝队胜利！"红色油桶队的队员与蓝色油桶队的队员拥抱在一起共同庆祝，丝毫没有因为比赛的落败而气馁或者伤心。

每一个参与者都发自内心地露出笑容。这个时候，比赛的输赢已经不再重要，重要的是参与的过程，是每一个孩子全身心投入到比赛中的体验和感悟。

接下来，女孩子的推桶比赛开始了。毛毛说："我们先说好推到哪里算赢！"明确了游戏输赢的标准后，新一轮的比赛开始啦！

当毛毛对参加第二轮比赛的女孩子说出"我们先说好推到哪里算赢"时，说明他已经从第一轮的比赛中摸索到了有效的新经验——提前明确游戏输赢的标准，也说明他是一个思维敏捷、善于总结经验的孩子。

回应策略

（1）**关注不同个性的幼儿在自主游戏中的发展。**幼儿之间的个体差异很大，但有时候他们因着这份差异而产生互补互助、相互学习、共同进步的机会，就像案例中的强强和毛毛。强强对毛毛有着很强的依赖和崇拜心理：帽子被夹住了，他会求助于毛毛；需要裁判了，他第一时间推荐毛毛。在毛毛处理问题的过程中，强强不知不觉也习得了有效的方法，提升了能力。同时，毛毛自身解决问题的能力以及在同伴中的威望也得到提升。

（2）**帮助幼儿更加明确竞赛类游戏的规则。**教师可以在游戏之后组织幼儿交流、讨论，明确推桶游戏的安全注意事项和规则；也可以通过参与游戏、担当裁判等方式，随机帮助和引导幼儿明确游戏的规则，从而避免幼儿自发形成的游戏因为缺少规则而不了了之，达不到促进幼儿发展的目的。

（山东省淄博市周村嘉源幼儿园　白黎明）

大　班

19. 餐厅找钱
——在游戏情境中学习和发展

观察时间：4月
观察地点：室内角色游戏区
观察班级：大班

大班上学期，教师们在中医院、火车站、餐厅等创造性游戏区中投放了20元以内面值的代币。随着孩子们游戏水平的不断提升，他们对各种面值的代币越来越熟悉，而且大部分幼儿也能够熟练地进行整数找零（如10元找5元等）。下学期开始后，教师们对部分区域的物品价格进行了调整，以不断提高游戏的挑战性。比如，自助火锅店由原来的每位15元涨到了每位18元，去往北京的车票由原来的每张10元涨到了每张15元，中医院中药定价为每副5元钱。价格调整后，孩子们的游戏中出现了许多有意思的新问题。

等零钱

这天，从北京旅游回来的几位小顾客一下车就来到自助火锅店就餐。大堂经理小明用响亮的声音招呼顾客："欢迎光临火锅店，我们的火锅有养生锅、滋补锅，18元一位，欢迎光临！"轩轩拿出了一张20元纸币递给小明，小明熟练地接过钱，嘴里一边念叨着"收您20元，找您2元"，一边打开收银台的钱箱准备找钱。他仔细翻找了一遍钱箱："咦？没有零钱啊！"他又找了一遍还是没找到零钱，于是对轩轩说："不好意思，我们没有2元的零钱，只有5元的零钱。"说着又把刚才的20元拿出来还给了轩轩（见图19-1）。这时，服务员煜煜凑过来问轩轩："你有18元钱吗？给我们18元就行。"轩轩回答说：

幼儿园自主游戏观察与记录

"没有，我只有20块和10块的。"三个人互相看看，不知道该怎么办了。

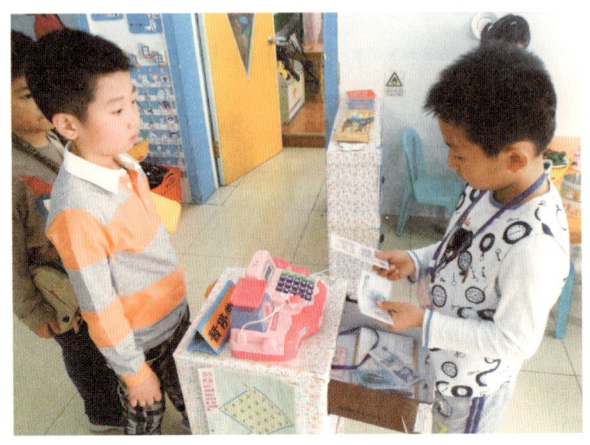

图 19-1

提价后，预料之中的找零问题立刻就出现了。看得出，大堂经理小明对20以内的减法掌握得较为熟练，所以接过轩轩的20元钱时心里就有了明确的答案——该找2元钱。不过，问题出现了——收银台里找不到2元的零钱。服务员煜煜想出的办法是让顾客付正好的钱，这样就不用找零了，可惜轩轩也没有零钱，所以没法进店用餐。这还真是一个考验孩子们的问题。

这时，一直在后面等待的顾客小林突然凑到前面来说："我有18元钱，我可以先进吗？我都等了好长时间了。"说着从包里拿出了一张10元、一张5元和三张1元的纸币，小明一看，赶紧接过钱，兴奋地说："太好了，这样就有零钱找了。小林你先进来，轩轩你也可以进来了，给你2元钱。"说着先接过小林的钱，又接过轩轩的20元，然后从小林付的零钱里拿出2元找给了轩轩。

小林的出现帮助小明解决了没有零钱找的难题。显然，小林能够理解当前情境中大家面临的问题，在观察了小明和轩轩为了找不开钱而纠结后，他敏锐地意识到自己不存在找钱的问题，于是，向大堂经理提出了自己的想法。第一次找钱的问题就这样被解决了。大班的孩子在遇到问题时，没有急于寻求教师的帮助，而是与同伴一起想办法解决，这种独立解决问题的意识和能力让笔者感到特别欣喜。

找　零　钱

来餐厅用餐的顾客越来越多了，等待交钱的顾客都排起了长队，大堂经理小明一直在忙着收钱、找钱。顾客好好递给小明一张20元的纸币，小明非常流利地说着："收您20，找您2元。"可同样的问题又发生了，没零钱找了。小明仔细翻看了收银台里所有的钱，发现的确没有了，于是向后面的几位顾客吆喝起来："后面的顾客有没有18块钱，如果有正好的钱可以先进来吃饭！"不巧的是，后面的几位顾客也都没有零钱，这又难住了小明，他皱着眉头思考着。顾客们就在门外排着队等候，有几个小顾客等不及就走了。

鉴于上一次的"等零钱"的经验，又一次遇到没有零钱找的问题时，小明主动询问后面排队的顾客有没有零钱，希望可以用同样的办法解决这个问题。但十分不巧的是，后面的几位顾客都没有零钱，小明不知道怎么办，只好任由顾客在门外等待。观察到这里，笔者决定介入他们的活动。

这时候，笔者以顾客的身份来到火锅店里（见图19-2），向大堂经理小明询问："你好，经理！今天的客人很多吗？我看里面有空余的座位啊，那为什么都让我们在外面等呢？"小明一脸沮丧地回答："因为我们收银台没有零钱找给你们，所以就没法让你们进来吃饭了。""这可怎么办啊？大家一起想想办法吧，要不然咱们都吃不了饭了。"听到笔者的话，馨馨对小明说："你没有零钱了就去拿钱换开，我上次在家门口的小超市帮妈妈换过钱，这样就可以找给我们了。"笔者又问："找人换钱倒是个好办法，就不知道别人有没有这么多零钱可以换啊，哪里会有那么多的零钱呢？""银行！"大家异口同声地说。小明一拍脑门，笑着说："对啊，我怎么没想到呢！你们等着，我去换钱。"说完，他从收银台里拿了一张10元钱就去银行了，顾客们还是在门外站着等待。

幼儿园自主游戏观察与记录

图 19-2

从馨馨和几个孩子的表现可以看出,他们平时有换零钱的生活经验,对银行也有一定的了解,只是还没有把这些经验迁移到游戏中。笔者以游戏者的角色介入后,巧妙地运用语言引导小顾客们一起加入讨论,使他们自己想出了解决问题的办法。在这个过程中,同伴间的互动、分享、合作体现得尤为明显。问题解决后,孩子们也获得了很大的满足和快乐。

换 零 钱

小明从银行换了 10 张 1 元钱回来,分别找给每位顾客。可没过一会儿,刚换的零钱又用完了,这次小明丝毫没有犹豫,又拿起 10 元钱跑到银行去了。此时,餐厅的收银台前没有任何工作人员,有两位小顾客见收银台没有人就离开了。小明回来一看只剩一位顾客格格,问:"不是有好几个顾客吗?怎么就剩你一个了?"格格回答:"他们等不及就走了。"小明没说什么,继续埋头整理收银台里的零钱。

有了前面两次找钱的经历,小明已经能够十分自如地应对没有零钱找的问题了。看得出,他在处理找零问题时,一次比一次自如、自信。但与此同时,新的问题又出现了:小明去银行换零钱,服务员忙着收拾桌子,没有人招待顾客,有小顾客等不及就走了。小明看到了这一现象,但还没有意识到问题的症结所在。

顾客豆豆来就餐了,一看见小明就很不高兴地说:"你刚才去哪里了?你们都没有人招待我,我等了很长时间见没人管我就走了,以后再这样我就不来你们店里吃饭了!"一直在一旁观看的笔者也凑过来说:"哎呀,我来的时候因为没有零钱找我,还让我站在门外等了好长时间,我都饿坏了,也不让我进来!"(见图19-3)小明连忙解释说:"对不起,我去银行换零钱了,得排队,所以让你们等了一会儿,下次不会了。"豆豆更加不满了:"没有钱找我,就让我在门外等着吗?"服务员煜煜赶忙说:"下次不会了,你要是饿了就先进来吃饭,等换来了零钱再找给你!"小明说:"嗯,这样可以,你们就不用老等着了。"服务员煜煜又说:"要不,下次我去换零钱吧,你在这里看着。"小明想了想说:"好!"

图 19-3

因为去银行换零钱而使得收银台空岗,引起了小顾客们的不满,于是小明赶紧道歉。由此可以看出,他的角色意识非常强,并且能够对自己的"失职"行为进行反思。更难得的是,出现了"投诉"后,服务员煜煜想办法很灵活地解决了让顾客站在门外等待以及换零钱时无人接待顾客的问题，她的建议也得到了小明的认可。看得出，大班孩子已经具备了较强的独立解决问题的能力。在自主的状态下，他们能够充分调动生活经验，通过分工、合作、交流、协商解决比较复杂的问题。在这个过程中，孩子们通过不断的调整和思考，获得了新的经验，增长了解决问题的智慧。

在接下来的活动中，一会儿服务员去银行换零钱，一会儿大堂经理去银行换零钱，但不管谁去，收银台都有人在，每位来到自助餐厅的顾客都受到了热情的招待。

回应策略

（1）**分享经验，提升幼儿的游戏水平。** 教师提供的纸币和对价格的调整，引发了游戏中的问题和矛盾，也给幼儿提供了解决问题的机会和思考的空间。几个参与游戏的幼儿通过分享、交流、合作以及教师的引导找到了解决问题的办法，获得了新的经验。这些经验对于其他孩子有较大的借鉴意义和价值，因此教师可以在分享与交流环节请这几个孩子分享他们的经验和体会，以促进其他幼儿游戏水平的提高。

（2）**预留零钱，便于幼儿游戏的开展。** 上述案例中出现的问题源于没有足够的零钱，教师可就此与幼儿讨论，让餐厅的收银员每次做完游戏之后都预留一部分1元零钱，其他的收好存入银行，这样可以为下次活动的开展提供便利条件。当然，对于游戏过程中自然出现的"找零"问题，教师也不必刻意干预，可以借此机会培养幼儿自己解决问题的能力，只在他们有需要时适时介入即可。

（3）**不断调整价格，提高幼儿游戏的挑战性。** 进入大班下学期，幼儿的认知能力和游戏水平都有了新的提高。教师可以在观察幼儿活动的基础上，

通过适当投放大面值的代币以及提高商品和服务的价格等方法，不断地调整游戏玩法，让幼儿在新的挑战中保持游戏兴趣，提升游戏水平和运算能力。

（山东省淄博市科技苑幼儿园　邢娜娜）

20. 争当收银员
——游戏中幼儿间的斗智斗勇

观察时间：3月
观察地点：室内角色游戏区
观察班级：大班

创造性游戏区的活动开始了，各区域的工作人员很快就陆续到位，并迎来了一批批顾客。教师发现别的店都已经顺利开张了，可餐厅里却只有萱萱一个人忙里忙外，另外两个孩子——茜茜和然然都站在柜台里面，似乎在争论些什么（见图20-1）。这是怎么回事呢？于是，教师走近柜台，想一探究竟。只见茜茜正在委屈地抽泣，一边抽泣一边与然然协商着。

茜茜说："你快出去迎接顾客，我在里面（做收银员）！"

然然说："你出去（做服务员），我要在里面！"

茜茜说："你出去嘛！"

然然说："应该你出去！"

图20-1

然然又说:"要不这样吧,我们玩'石头剪刀布'来决定。"
茜茜说:"好吧!"

显然,游戏开始后,茜茜和然然两个人为争当收银员发生了冲突,双方都不愿意轻易妥协。大班下学期的孩子,遇到问题没有急于求助教师,而是自己首先尝试用语言与对方沟通,并想出了用猜拳游戏解决问题的办法,这是令人欣喜的。猜拳的办法比较公平,因此很快得到了双方的认可。

游戏开始了,茜茜很快出了"剪刀",然然出了"布",茜茜赢了。茜茜说:"我赢了,你出去吧!"然然却说:"不对,应该是谁赢了谁出去!"茜茜坚决不同意,向然然提议再来一局。这一次,茜茜请一旁的萱萱来做裁判员,并且商定规则就按照然然说的,谁赢了谁出去。游戏又一次开始,茜茜很快出了"布",而然然却拖拖拉拉,磨蹭到茜茜出了布之后才出了"石头",结果又是茜茜赢了,这也意味着她应该出去扮演服务员的角色。可是,茜茜觉得比赛不公平,想再来一局,然然犹豫了一下同意了。

这次游戏开始之前,两个人先与裁判员协商制定了新的规则:裁判员喊"1、2、3"之后,两个人再同时出手。而这一次,两个人在同时出的过程中,然然又由原来的布迅速换成了剪刀,因为他看到茜茜出了石头,结果又是茜茜赢了。

看到不管制定什么规则,然然总是占据上风,茜茜似乎有些无奈,不再跟然然争执,而是去一旁取了工作服装扮好,很快便投入到服务员的角色中(见图20-2)。此时,一旁的然然松了一口气说:"终于出去了!"他开始整理收银台上的物品,准备迎接顾客。

综观两个孩子的三次游戏过程,可以发现然然是个聪明、头脑灵活的孩子,对于收银员这个角色是想尽办法,志在必得。最初,他想出了"谁赢了谁出去"的办法,后来,又利用拖延时间、变化手法等战术来赢得胜利。总之，他要么按照有利于自己的原则随意修改规则，要么想尽办法违反规则取胜，最终达到了自己的目的。茜茜不像然然那样会"动心眼"，但对于游戏的规则非常明白，在出现对自己不利的情况时能够积极争取更多的机会来解决问题。最后，她看到然然比较强势，也不过于计较，而是采取了退让的策略化解矛盾。可见，孩子们在自主交往的过程中，学会了沟通、交流、忍让等交往策略，两个孩子的游戏过程更是很明显地反映了他们不同的个性特征。

图 20-2

回应策略

（1）**抓住时机，现场进行干预。**上述案例中，教师可以角色的身份介入游戏，提出自己也想当收银员，并采取同样的"石头剪刀布"的方法来决定角色分配。教师可以使用然然刚才的办法一次次战胜然然，让他切身体会一下别人用不遵守规则的办法取胜后自己的心理感受，从而让他学会移情，明白规则确定以后大家都要遵守的道理。

（2）**组织全体幼儿讨论游戏规则。**大班的幼儿已经有了初步的分辨是非的能力。游戏结束后，教师可以适当地还原刚才的游戏过程，让大家一起讨论："石头剪刀布"出完后，到底是赢了的出去还是输了的出去？"石头剪刀布"怎么玩才公平，怎么玩才有意思？当大家都想扮演某个角色的时候，怎么解决这个矛盾？……相信集体讨论出的意见会给然然一些启示。

（3）**平时加强对某些较为强势的幼儿的关注和引导。**对于班内那些比较强势的幼儿，教师在平时的工作中应多加关注和引导，逐步增强他们的规则意识，帮助他们与同伴和谐相处。大班的教师可以组织幼儿通过集体讨论，共同制定班级的一些简单的规则，也可以制定"班级公约"，并让幼儿之间互相监督、共同遵守。发现幼儿有进步时，教师应及时给予鼓励和肯定，不断强化他们的正面行为，逐渐减少他们人际交往中的问题和冲突。

（山东省淄博市市直机关第二幼儿园　刘霞、谢宜静）

21. "爱请客"的小贝
——讨好教师的幼儿内心真正需要的是什么

观察时间：4月
观察地点：室内角色游戏区
观察班级：大班

今天是大（一）班的创造性游戏活动时间，笔者到班里观摩孩子们的活动。游戏开始后，笔者正准备到一个区域认真观察一番，忽然感觉身后有人碰了一下，回头一看，是一个虎头虎脑的小男孩："老师，我请你吃饭吧？"笔者先是一愣，然后很疑惑地问道："你为什么要请我？""不为什么，就是想请你。"好吧，让笔者看看他到底会怎么请客。

餐厅里摆放着不同价位的食物和饮料（见图21-1）：馒头、窝头1元，各种青菜2～3元，肉类4元，饮料6元。我们走进餐厅后，服务员问："小贝，你有多少钱？""7块。"小贝回答。笔者特意问小贝："你想吃什么？""你挑吧，我不吃，我请你。"这下笔者更疑惑了，光请别人自己不吃，这个小男孩到底是怎么想的呢？

大 班

活动一开始,热情的小贝无缘无故地主动请笔者吃饭,让笔者感到非常好奇。大班的孩子虽然已经有了与他人分享的意识,但是完全利他性质的分享还不多见,小贝的特殊行为引起了笔者强烈的好奇心。

图 21-1

于是,笔者对服务员说:"我想喝一瓶饮料。"服务员说:"6块钱。"小贝很认真地数了六张1元的钱想交给服务员,这时笔者想给小贝出个"难题"看看他的反应,于是说道:"哎呀,光喝一瓶饮料吃不饱。""要不再点份菜吧!"小贝说。笔者顺势说:"服务员,再来条鱼吧!"服务员反应很快地对小贝说:"小贝,你的钱不够了,你一共就7块钱,饮料6块,鱼4块。"小贝半信半疑地又数了一遍钱,最后确定真的只有7块钱。他看了看笔者,见笔者并没有放下饮料的意思,有点为难。"你可以到旁边的自助饮料区接一杯饮料,这样不就行了嘛。"服务员的建议提醒了小贝,他开始征求笔者的意见:"要不,你把这瓶饮料放下吧,我给你去接一杯免费的?"见孩子既守信用,又尊重我的想法,笔者决定放弃刻意刁难了。

可以看出,小贝数学运算的水平还不是很高,但他是一个做事认真、谨慎的孩子。虽然是在请客,但他知道先征求别人的意见再做决定,而知道尊重别人的想法对大班的孩子来说尤为不易。另外,他做事有坚持性,在遇到问题时,虽然没有想到解决的办法,但也没有轻易放弃"请客"的打算。对于同伴好意的帮助和提醒,他也能够欣然接受,这说明小贝的社会交往能力还是不错的。

小贝向餐厅服务员要了纸杯,然后走到自助饮料区,在接饮料之前还是先问笔者："你想喝什么味道的？""来一杯草莓味的吧。"小贝接好饮料（见图21-2），然后两只手小心地端着纸杯递到了笔者的手里。"小贝，你吃点鱼吧。"笔者边说边把鱼夹给小贝（见图21-3）。小贝坐在笔者旁边直摆手："不用，不用。""你吃点吧！""不用，不用。"推辞了几次，小贝始终看着笔者吃。笔者更加好奇了，便问："你为什么请我吃饭？""不为什么呀，就是想请你吃饭。""你爸爸妈妈也经常请人吃饭吗？"小贝好像对笔者的问题没有听懂，没有回答。

图21-2

图21-3

小贝一直热衷于为笔者服务，只是请笔者吃，自己不吃，这让笔者想到他的热情、憨厚是不是受家人的影响。通过与小贝的教师沟通了解到，小贝的父母都非常热情、和善。幼儿善于观察和模仿，也许小贝是在父母潜移默化的影响下，才这样热情大方的吧。

这时，影楼传来一阵笑声，笔者问："小贝，你还有几块钱？"小贝又仔细地数了一遍手中的钱说："3块。"（见图21-4）"我想吃完饭后到影楼去拍照。""没事，我还有3块钱呢。"饭后，笔者和小贝来到了影楼。笔者开始挑选发型和服装（见图21-5），边挑选边跟旁边的孙老师讲述这个让笔者感动的孩子。无意间影楼的工作人员听到了笔者和孙老师的谈话，说："小贝特别好，

图 21-4

图 21-5

上次我没带水彩笔,我都没说用他的,他就一直说,'用我的,用我的'。""那小贝是不是有很多的朋友啊?"笔者问道。"对呀!"工作人员回答。于是,孙老师对小贝说:"小贝,我也想拍照,可是我没钱怎么办?"小贝看看手上的钱,想了一下说:"要不,我再去取吧,我的存折里还有钱。"说完,小贝飞奔向橱子去拿存折取钱。

> 小贝始终热衷于请客,并没有意识到教师对他的"刁难",在钱不够的情况下,还愿意把自己存折里的钱取出来请别人消费。从服务员的话语中可以了解到,小贝的热心大方是经常性的行为,而且这种行为帮他建立了很多的友谊。是不是别人的肯定强化了他的这种利他行为呢?他是否需要教师的引导,来帮助他体验参与各种游戏的快乐呢?……

看到小贝始终热衷于请客,可是他自己却从没有接受过他人的服务,于是笔者决定帮助小贝:"小贝,我不拍了,你拍张照吧!"小贝有点犹豫,热情的工作人员马上说:"我来帮你装扮。"说着先帮他戴上墨镜,又帮他找了一条领带。装扮好了的小贝走到背景墙前,酷酷的样子被摄影师记录下来(见图 21-6)。这时,许多孩子过来围观,纷纷称赞道:"小贝好酷呀!"(原来小贝是影楼开张以来第一个来拍照的男孩子)

活动分享环节,教师特意点评了小贝在影楼拍的照片。作为第一个去拍照的男孩子，小贝获得了大家的掌声，他开心极了。

过了几天，笔者偶然再次来到这个班级，看到小贝快乐地在各个游戏区玩着，不再追着别人请客。

图 21-6

直到现在，我们似乎明白了，小贝之所以爱请客，一是可能因为同伴的赞扬无意中强化了他的行为，二是可能因为他自己对各游戏区的活动还没有足够的自信，三是可能因为他非常希望在团队中得到大家的认可，从而融入团队。在笔者的帮助下，他突破了心理上的障碍，终于体验到了真正参与游戏的乐趣。孩子们的心理有时候真的需要教师仔细揣摩才能理解，否则，教师盲目地干预可能会起到反作用。

回应策略

（1）遇到有特殊表现的孩子不要急于干预，要静下心来好好观察和思考。不同个性的幼儿在游戏中的表现各不相同，有时候教师没了解事情的原委就急于介入或者干预，可能会误读幼儿的行为，对幼儿的游戏起到破坏作用。像上述案例中的小贝，笔者也是持续观察了很久才慢慢明白他喜欢请客的原因。今后再遇到类似的态度特别热情的幼儿时，教师一定要提醒自己耐心观察，多跟幼儿的家长和其他教师交流，了解事情的本质之后再探寻应对的策略。

（2）避免盲目表扬，应有针对性地评价和引导幼儿。教师一般会对经常帮助别人的幼儿进行表扬，教师的表扬会对幼儿的行为起到正强化的作用。但因为幼儿年龄小，有时候他们会盲目地为了赢得表扬而做事。因此，教师表扬幼儿时切忌简单敷衍，应在表扬的同时说明原因，帮助幼儿明白道理，比如，"××小朋友今天没带存折，小贝用自己的钱主动帮助他，值得我们学习"，等等。上述案例中的小贝，有着强烈的想要被同伴、教师认可和接纳的愿望，但又缺乏自信，缺乏交往的技能。对待这类幼儿，教师不能一味地进行表扬，应该激发其内在的游戏动机，帮助他们掌握更多的融入同伴游戏的策略。

（山东省淄博市黄金国际幼儿园　张春梅）

22. 到底谁离开
——在冲突中守护公平与游戏规则

观察时间： 5月
观察地点： 室内益智游戏区
观察班级： 大班

扑克牌投放在益智游戏区中有一段时间了，一直深受孩子们的喜爱，尤其是男孩子，更是经常抢着进来玩。

今天游戏活动一开始，泽泽、小宇、小布、浩浩、晨晨就先后搬着椅子来到了玩扑克的地方。小方桌只够四个人坐,这就意味着他们当中有一个人要离开,但是大家谁也不想走,于是就开始想各种办法(见图22-1)。

图 22-1

浩浩在一旁站着手里拿着扑克牌说:"要不我们玩'石头剪刀布',谁输了谁走。"最后进来的晨晨、小宇连忙说"行",中间进来的小布没说话,第一个进来的泽泽不同意了,说:"应该谁最后进来的谁走。"小宇、浩浩同意,小布还是没说话,只是看着晨晨,晨晨也不说话。一时间,大家都不作声了。

在孩子们的自主游戏中,人多地方小的矛盾经常出现。大班的孩子已经有了一定的解决问题的能力,因此遇到问题时没有出现大的争执,而是开始自己协商解决的办法。但是,对于规则的公平问题,他们还没有太多的考虑,都在按照有利于自己的原则想办法。后进来的希望采取"石头剪刀布"的办法,先进来的希望沿用"谁最后进来谁离开"的规则,而有的孩子觉得与自己无关,就不发表任何意见。虽然孩子们在动脑筋想办法,但问题还是没有得到解决。

这时,急性子的小宇着急了:"老师,老师,我们这里多了一个人,怎么办?""你们想办法了吗?"教师问。浩浩说:"我说玩'石头剪刀布',谁输了谁走,他们不同意。"泽泽说:"应该谁最后进来的谁走。我们先进来的,不应该走。"小宇说:"你们这样谁也没法玩。老师,怎么办?"大家都看向了教师。看着孩子们期望的眼神,教师说:"要不这样吧,现在大家想出了两个办法,同意哪个的人多,你们就用哪个办法,怎么样?""好!"征得大家的同意后,教师说:"同意'石头剪刀布'的举手。"浩浩、晨晨、小宇三个人立刻举起了手(见图22-2)。"同意谁最后进来的谁离开的举手。"泽泽、小布、小宇、浩浩四个人都举起了手。晨晨一看,没有再说什么,不等大家放下手说话,就主动搬起椅子离开了(见图22-3)。

图 22-2

图 22-3

孩子们意见相左相持不下时,教师的介入帮助他们又掌握了一个解决问题的办法,那就是少数服从多数。结果一出来,晨晨就主动离开了,问题就这样迎刃而解了。相信再遇到类似的问题时,他们可以迁移经验,轻松解决。由此看来,孩子们解决问题的办法是需要时间学习和积累的。教师的作用在于帮助他们积累经验,最终促进其自主解决问题的能力的提高。

回应策略

(1)尽可能鼓励幼儿自己面对问题,自己想办法解决问题。面对大班幼儿之间的冲突事件，教师不应站在成人的立场上简单地给予他们一个结果，而应启发幼儿想办法解决。针对案例中的情况，教师可以在全面了解事情发生的全过程后，通过提问把问题再抛给幼儿，鼓励他们自主解决。比如，提问"什么样的办法能解决这个问题"，引导幼儿自己去解决问题；提问"这个游戏区有什么规定"，提示幼儿应遵守区域游戏规则，可能问题就会得到解决。

（2）让幼儿就当天发生的事情展开讨论，看看谁的做法值得提倡，谁的做法是不恰当的。大班幼儿已经具备比较成熟的自我评价能力，就算事发时急不择法，但事情过后，他们基本上也能分析出自己的所作所为是对的还是错的。通过讨论，也能够让其他幼儿从中学会如何处理类似的问题，逐步学习从对方的角度看问题，这将为幼儿与他人建立良好的社会关系奠定坚实的基础。

（3）根据幼儿的兴趣和需要，灵活调整游戏区的活动空间和材料。既然扑克牌游戏是孩子们都喜欢的游戏，教师就可以把这个游戏区的空间再扩大些，多投放几副扑克牌，让孩子们分成几个小组进行游戏，以满足更多幼儿想参与游戏的愿望。

（山东省淄博市市直机关第二幼儿园　张玉萍）

23. 精彩的演唱会
——自发的表演游戏让游戏情节更丰富

观察时间：3月

观察地点：户外综合游戏区

观察班级：大班

户外自主游戏开展以来，教师们陆陆续续又往各区域投放了不少辅助材料，以帮助幼儿丰富游戏内容和情节。在综合游戏区，除了呼啦圈、保龄球、地垫、套圈、纸箱、铁架子等原有材料外，教师们又投放了塑料小象、塑料油桶、泡沫箱子、金属奶粉桶等材料。

今天是辅助材料投放的第一天，综合游戏区内，孩子们三三两两地过来，左看看右看看，开始玩套圈、转呼啦圈、打保龄球。源源走到一组保龄球旁边，拿起一个保龄球瓶先在旁边的纸箱上敲了敲，又敲了敲身边的铁架子，如此反复几次以后，他把保龄球瓶放在地上，开始搬塑料小象、塑料油桶、金属奶粉桶，并用这些材料把自己围了起来，然后学着乐队鼓手的样子用两个保龄球瓶交替敲起来。瓶子敲击不同物体发出的声音，让源源很是陶醉，只见他不断地敲击着，节奏时而舒缓、时而激烈。

当其他小朋友还是按照常规玩法游戏时，一个无意间的动作让源源发现，用保龄球瓶敲击不同材质的物体可以发出不同的声音。受此启发，他创造性地利用综合游戏区的现有材料，开始了自己的演奏会。看得出，他是一个喜欢探索并对声音、节奏很敏感的孩子，不但能认真倾听和分辨各种不同的声音，还能用自己的方式来表达对节奏、音色、强弱、快慢的感受。自发的游戏满足了他的好奇心和演奏愿望。

晨晨和泽泽大概是看到了源源的表演，不约而同地走过来。泽泽兴奋地说："你先敲着，我去搭个舞台！"晨晨说："我来唱歌，我来唱歌！"说完随手拿起一个保龄球瓶当话筒，自顾自地唱起来。泽泽找来平衡木、小铁门等材料搭了一个舞台，搭完后对晨晨说："你到舞台中间去唱，我给你伴奏。"说完，他找来一块塑料小斜坡积木放在平衡木的下面，拿着两个保龄球瓶一边击打一边看看晨晨和源源，并哼唱着旋律（见图23-1）。

泽泽显然对舞台表演有一定的经验，他选择的搭建舞台的材料也比较合适：小斜坡积木是走向舞台的台阶，平衡木就是一个简易的舞台。迅速

幼儿园自主游戏观察与记录

图 23-1

搭好舞台后，他又马上转换身份，担当起伴奏的角色。他不仅能积极动脑使用多种工具、材料来搭建舞台，主动参与表演游戏，还能统筹安排人员、协调角色分配，是个有创意、懂合作、组织能力较强的孩子。正是由于泽泽的组织与协调，使原本比较单调的个人表演变成了一个大家共同参与的表演游戏。

不一会儿，萱萱走过来，学着源源的样子搬了好多锥形桶、平衡木和保龄球瓶到另一个地方开始敲击。她很兴奋地敲了一会儿，又跑来两个女孩。她们简单地交流了几句，其中一个小女孩开始拿着保龄球瓶唱歌，萱萱和雯雯则一起合作着敲"鼓"，边敲边哈哈大笑。

敲了一会儿后，萱萱起身开始搜罗别的材料。她把两只塑料玩具小象运过来，同时把小平衡木当椅子。教师看到旁边正好闲置着一个塑料油桶，就把它放到萱萱旁边，说："你也可以敲敲看哦！"萱萱看了一下油桶，给了教师一个大大的笑脸。过了一会儿，雯雯也起身搜罗了奶粉桶和木头套圈的底座开始敲击。更多的女孩围拢过来，一番讨论后，形成了一个完整的"演唱会"阵容：萱萱和雯雯当鼓手，佳佳唱歌，可可、美美和琪琪当观众在下面观看（见图 23-2）。佳佳还跑去主动邀请其他小朋友来看她们的"演唱会"。

图 23-2

在综合游戏区，原本是没有预设小舞台的，但个别孩子的创意吸引了其他同伴的注意力，相同的爱好和兴趣让新的游戏内容产生了。看来，只要有宽松的游戏氛围，大班的孩子就能够创造性地利用材料，玩他们想玩的任何游戏。这群孩子不仅完美地举办了精彩的"演唱会"，在材料的使用及活动方式上有了创新，而且游戏情节更加完善——从自娱自乐逐步发展到有了观众。可以看出，大班幼儿不仅有模仿学习和迁移学习的能力，更有不断推动游戏情节向更复杂、更完善的方面发展的能力。在这个过程中，他们愉快地与同伴协商、分工、配合，在与同伴的积极互动中充分体验到表演的乐趣。

又过了几天，户外游戏时间，佳佳、琪琪和雯雯跑过来对教师说："老师，我们又要开'演唱会'啦！"说完，三个孩子迅速搜罗材料，然后佳佳主动当起主唱开始唱歌，琪琪和雯雯则当起鼓手配乐。

这时，有三位参观的教师走过来观看，佳佳立刻跑去拿来几个地垫，热情地招呼她们坐下看演出。三个孩子认真地表演着（见图 23-3），教师们边看边鼓掌。之后又来了几位教师，雯雯笑着起身招呼她们坐下观看，很快，这里的表演就吸引了越来越多的教师（见图 23-4）。

幼儿园自主游戏观察与记录

图 23-3

图 23-4

图 23-5

图 23-6

看到观众越来越多，佳佳马上拿起旁边的一个篮子，跑到放保龄球瓶的篮子跟前装保龄球瓶。出于好奇，教师问她："宝贝，拿这么多保龄球瓶干吗呀？"佳佳一边急急地往篮子里装瓶子，一边快速地大声说："老师，我要给她们当荧光棒用，好给我们欢呼！"没等教师说话，她又快速地补充了一句："老师，我从来没有在这么多人面前表演过，我以后一定能当一个歌唱家！"然后她迅速跑向观众，热情地把保龄球瓶发给她们。

与此同时，琪琪和雯雯走到观众面前，问观众们想听什么歌（见图23-5）。佳佳分完"荧光棒"，雯雯开始演唱刚刚大家点的歌（见图23-6）。教师们纷纷为三个宝贝鼓起掌来。

表演游戏是特别需要观众的参与的。原本是自娱自乐的自发游戏，由于有了感兴趣的成人观众的参与，而让表演的孩子们更加投入，游戏情节也更加丰富。三个孩子除了扮演自己已分配好的角色以外，还利用"演唱会"

的空当，有的去维持观众秩序，有的去拿"荧光棒"烘托现场表演气氛，有的主动询问观众的需求，合作得非常默契。在游戏中，孩子们能够主动和完全陌生的教师交流，并用商量的口吻征求教师们的意见，表现出了较强的沟通交流能力。兴趣是最好的老师，正是对表演游戏的兴趣，促成了这次"演唱会"。而孩子们在筹备演唱会时所迸发出的智慧以及"我以后一定能当一个歌唱家"的自信，让我们感受到表演游戏对于幼儿个性发展的重要性。同时，孩子们再次创造性地使用材料，让彩色保龄球不但可以是敲击的工具，还可以是观众加油助阵用的"荧光棒"，这也是不错的创意。

回应策略

（1）**继续丰富可供表演的材料，满足幼儿参与表演的愿望。**这一系列表演游戏是在户外自主游戏时幼儿自发开展起来的，说明幼儿对表演游戏很感兴趣。但整体看来，可供利用的材料还是单调了一些。教师发现幼儿的兴趣点后，还可以继续提供一些能够发出不同声响的材料，如鼓、钹、沙球、各种琴、自制的音乐瓶等，或者提供一些供幼儿简单装扮的材料，如面具、纱巾、帽子、眼镜等，以促使幼儿丰富游戏情节，满足幼儿表演的愿望。

（2）**迁移幼儿的原有经验，拓展表演游戏内容。**教师可以在分享与交流环节与幼儿一起回忆学习过的歌舞、故事等，启发幼儿在游戏时表演给更多的观众看。必要的时候，教师还可以参与到幼儿的游戏中，以观众的角色向"演员们"点播节目，以此启发幼儿提取已有的知识和经验运用于新的表演游戏中，从而将表演内容丰富起来。

（3）**丰富表演形式，提高幼儿表演的艺术性。**教师可以在平时跟幼儿一起观看一些有关音乐会、话剧表演的视频，和他们分享、交流演员们的精彩表演，提升他们的模仿和表达能力。为了激励幼儿，也可以将他们的表演以照片和视频的形式跟班内其他小朋友分享，以增强幼儿的自豪感和

将活动持续进行下去的信心。同时，在他们的带动下，也让更多的幼儿喜欢表演游戏。

（山东省淄博市市直机关第二幼儿园　李冬梅、付苏苏）

24. 搭建纸盒城堡
——适度"示弱"给幼儿独立解决问题的机会

观察时间：3月
观察地点：户外建构游戏区
观察班级：大班

教师们在户外新投放了一些规格一样的长方形纸箱，户外自主游戏时间，大（一）班和大（二）班的三个男孩对这些新材料产生了浓厚的兴趣。牛牛首先从摆放纸箱的地方往场地上运材料，壮壮和大力见到后也两个、三个地搬运了起来。不一会儿工夫，场地上就摆了十几个箱子和核桃露罐、木板等材料。牛牛对两个同伴说："我们来搭座城堡吧。"壮壮和大力马上响应："好啊！"三个人很快忙碌起来。

不一会儿，三个人就搭好了一个长方形的底座（见图24-1）。牛牛跑到教师身边说："老师，我们想搭个三角形的屋顶，可是没有三角形的材料。"教师说："可是我这里也没有啊，你们自己想想办法吧。"见教师没有帮忙的意思，牛牛开始在一堆箱子里转来转去。忽然，他高兴地说："有了！"只见他把两个纸箱斜侧着摆起来，然后在底座的另外一边也小心地放上了两个纸箱（见图24-2）。他退后几步看了看，似乎很满意，跑去告诉教师："老师你看，我的三角形屋顶搭好了！"壮壮看了看说："还不大像。"于是，牛牛开始小心翼翼地调整起来：把下边的纸箱调整到与底座大概45度的角度后，一只手扶着，

另一只手把上边的纸箱也调整一下,这次两个纸箱终于在一条斜线上了。大力看见以后,连忙把另外一边的两个纸箱也调整了一下,让两边变得对称(见图24-3)。看到自己的作品,三个孩子欢呼起来。

图 24-1

图 24-2

图 24-3

从孩子们利用废旧纸箱搭建城堡的过程可以看出,在自由自主的状态下,孩子们的创造力和想象力变得更加丰富。而教师的适度放手和"示弱",给予了孩子们更多的自己解决问题的机会。纸箱都是长方形的,不能直接拿来用作三角形屋顶,但孩子们利用四个长方形纸箱搭建出他们想要的三角形屋顶,他们对于两边对称的细致观察和完美追求令人叹服!

城堡搭好了，牛牛围着它转了一圈，找了一个核桃露罐和一根插在一起的 PVC 管拿在手里，跑过来指着插好的 PVC 管向教师求助："老师，你帮我拔开。"教师摇摇头说："我力气小，也拔不开，你再想想办法吧。"牛牛有些失望，一回头发现了远处正在照相的男教师，说："那我去找叔叔帮忙。"男教师接到求助任务，很轻松地帮牛牛把连在一起的管子分了开来。牛牛接过管子飞快地跑了回来，告诉教师："你看，叔叔轻轻一下就帮我分开了！"

自主游戏开展后，教师放手了，但孩子遇到问题时还是会下意识地找教师寻求帮助。实际上，大班的孩子已经具备了一定的解决问题的能力。面对孩子的求助，教师再次"示弱"，反而让孩子有了更多的与成人交往的机会，并在与他人的交往中增强了语言表达能力、沟通交流能力。

牛牛来到搭好的城堡前面，踮起脚尖想把一个桃核露罐放到城堡顶上去，但努力了半天还是够不着。于是，他一把抓住旁边的大力说："你帮我放上去吧。"大力很快帮他把核桃露罐放了上去。牛牛又把刚才拔下来的 PVC 管中的三通部分递给他，大力小心翼翼地把它放到了核桃露罐的上面（见图 24-4）。牛牛开心地大叫起来："老师，快来看！我给城堡搭了一个漂亮的房顶！"

图 24-4

教师看后赞叹道："嗯，真的很漂亮呢！不过，你为什么要请大力帮忙呀？""大力比我高，他够得着。""哦，原来是这样啊，那你能不能想办法让自己变得高一点，自己把这个屋顶搭好呢？"牛牛想了一下，兴奋地一拍脑袋："我有办法了！"他很快跑到旁边的场地上拖来一个轮胎，踩上去试试，仍够不着，又去拖来一个轮胎摞在第一个轮胎上面，虽然站上去不太稳，但还是成功地把刚才那样的屋顶搭好了（见图24-5）。牛牛跳下来兴奋地告诉教师："老师你看，我自己也能行！你给我们照个相吧！""好啊！"于是牛牛赶紧找来大力和壮壮，大家兴奋地拍了一张合影（见图24-6）。

图24-5

图24-6

当牛牛发现自己够不到房顶时，又一次下意识地求助于比自己高的同伴。这让我们再次感受到，这是一个遇事喜欢寻求别人帮助的孩子。在教师的启发和引导下，牛牛通过思考找到了自己解决问题的办法：借助于其他物体让自己变高，从而独立完成任务。从孩子成功后的兴奋表情可以看出，教师这次的提醒有效地帮助他体验到了独立解决问题的成就感。

回应策略

（1）**教师适度"示弱"，让幼儿有更多的机会尝试独自面对问题。**对于幼儿的自主游戏是否需要自己的介入和指导，教师必须在观察的基础上进行专业的判断。就像这个班级的教师那样，当发现幼儿的求助是一种对教师不自觉的依赖时，教师可以适度"示弱"，给幼儿自己解决问题的机会。今后，教师应在更多的生活和教育活动中"退后"一步，让幼儿在前面，自己在后面跟随即可。

（2）**丰富游戏材料，引发幼儿深入的游戏活动。**自主游戏中，教师给幼儿提供的环境和材料，可能会引发幼儿的主动探究和游戏活动。上面案例中的一些普通的长方形纸箱，被几个幼儿利用起来搭建城堡。在解决没有三角形屋顶的过程中，幼儿思维的灵活性、交往的能力等都得到了提升。但是如果建构游戏的材料过于单一，则会影响幼儿建构游戏的开展。本案例中的纸箱，虽然引发了幼儿的建构活动，但因为形状比较单一，不利于幼儿对材料的创造性使用。因此，教师还应提供各种形状的大型积木，以便幼儿能搭建出更丰富的建构游戏内容，提高建构游戏水平。

（3）**巧妙无痕，保护幼儿的"真游戏"。**幼儿在自主游戏开始后，真正进入游戏状态至少需要十几分钟的时间。在幼儿教育实践中，笔者经常发现，当幼儿游戏兴致正浓的时候，却被教师"好心"的指导、说教所干扰。所以，教师在指导时一定要善于移情，想办法让自己尽可能巧妙无痕地进入幼儿的游戏中，努力从幼儿的角度出发去思考问题，保护他们的"真游戏"。

（山东省淄博市市直机关第二幼儿园　刘霞）

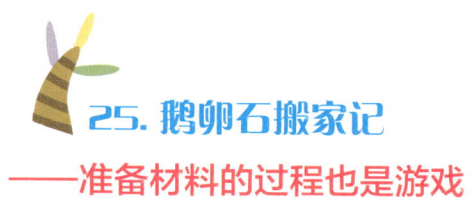

25. 鹅卵石搬家记
——准备材料的过程也是游戏

观察时间：9月

观察地点：户外沙水游戏区

观察班级：大班

圆圆在沙地里发现了一些鹅卵石，她找来一辆独轮小推车，把找到的鹅卵石放到了小推车里，对在沙池玩游戏的同伴依依说："咱们把这些石头搬到玩水区玩'炒菜'游戏吧？"依依看了一眼小推车里的鹅卵石，点点头说："行，咱们得再多找点'菜'。"圆圆又找到琳琳和雨晴问道："我们要到那边玩'炒菜'的游戏，你们去不去？"琳琳在雨晴耳边说了句悄悄话，然后表示同意。于是，四个伙伴找到更多的鹅卵石堆放到了小车里。

圆圆开始推小车，她连续试了几次都没能掌握好平衡，小推车总会歪向一侧。依依大声喊道："石头太多了，小车太沉了！"圆圆放下小推车说："要不咱们抬着车子走吧？"圆圆、琳琳和依依抬着小车的两侧，雨晴抓着车的两个把手，向玩水区走去（见图25-1）。

走到西边的小树林，雨晴问："咱们从哪儿走？"圆圆笑眯眯地说："走凉亭吧，这里好玩。"大家一起把小推车抬到了木质凉亭的斜坡上。背着纸箱的男孩乐乐和好朋友大伟正好经过，对圆圆她们喊道："你们在干什么？"圆圆说："你们快过来，帮我们一起抬车子吧！"乐乐和大伟欣然同意，加入到抬鹅卵石的行列中。圆圆走到凉亭下面的草地上说："这里不好走，咱们还得抬着它，要不我们到前面等你们，你们四个抬过去吧！"说完，她拉起琳琳的手跑开了。剩下的两个男孩和两个女孩嬉笑着抬起小推车，向着凉亭的最高处走去（见图25-2）。

图25-1

图25-2

幼儿园自主游戏观察与记录

孩子们非常喜欢小推车，经常会用小推车运送游戏使用的各种物品。圆圆发现鹅卵石后，就想到了用小推车把它们运送到玩水区做游戏。她很主动地询问同伴是否愿意参加玩水区的游戏，表现出较强的号召力。当她发现鹅卵石太沉导致小推车很难保持平衡时，没有一味地坚持推小车，而是想到请同伴帮忙一起抬小推车，表现出遇到问题肯动脑筋想办法去解决的能力。在选择行走路线时，圆圆没有选择可以直通玩水区的平坦小路，而是选择了走凉亭这条具有挑战性的道路，表现出较强的自信心和敢于挑战的勇气。同时，她还能够随机邀请更多的伙伴加入到游戏当中，并主动担当起推动游戏发展的"小领袖"职责。

当四个伙伴把小推车抬到凉亭的下坡路段时，乐乐脚下一滑，导致小推车歪向一侧，里面的鹅卵石散落在凉亭的斜坡上，还有一些滚落到斜坡下面由圆木条制成的平台上（见图25-3）。

早已等在这里的圆圆和琳琳一边尖叫着一边开始捡鹅卵石，把它们重新放回到小推车里。琳琳的手被鹅卵石硌了一下，她用力捏住手指，样子有些紧张。雨晴走到她的身边蹲下来，抚摸着她的手指说："我给你吹吹，吹吹就好了。"（见图25-4）

图25-3

图25-4

大家把小推车抬到了凉亭最底层的圆木条上,圆圆开始试着推小车,结果小推车立刻倒向一侧,刚收好的鹅卵石再一次散落一地。伙伴们再次尖叫着、嬉笑着捡拾鹅卵石。圆圆大声喊道:"咱们先把车子搬到空地上吧,这里不好走!"伙伴们答应着把小推车抬到了凉亭下面的空地上,散落的鹅卵石很快被捡回到小推车里。圆圆想再次推小车,可地面上的圆形石板还是令小推车难以保持平衡。乐乐说道:"把石头放到我的箱子里吧,那样石头就不会掉出来了。"他把背上的纸箱放到了地上,和同伴一起把鹅卵石捡到了纸箱里,又和同伴一起抬起纸箱放到了小推车里。大伟开始试着推小车,可小推车仍然不断歪倒,鹅卵石还是会从纸箱里倾倒出来(见图25-5)。

圆圆说:"要不,咱们抱着纸箱走吧,让我试试。"她拉起纸箱上的两根绳子,吃力地把纸箱从小推车里提出来放到了地上。她还想把纸箱提起来,但试了几次都没能成功。她弯下腰用两只手牢牢地搬住纸箱的底部,大声呼喊着:"你们快过来帮忙!"雨晴走上前紧紧抓住了纸箱上的绳子,琳琳也伸出一只手牢牢地提住了纸箱的上侧,三个伙伴一起用力抬起纸箱向玩水区走去(见图25-6)。乐乐和大伟一直默默地跟随在她们的身后。

纸箱被抬到了玩水区,琳琳一屁股坐到地上,雨晴舒了

图25-5

图25-6

口气说:"哎呀,终于到家了!"圆圆平静地把纸箱里的鹅卵石倒在了地上。这时,大伟把空着的小车推到了玩水区,圆圆把纸箱放回到小推车里。

乐乐走上前,指着自己的鼻子大声说:"这可是我的纸箱,是我想的这个办法。"(见图25-7)圆圆笑眯眯地回应:"好吧,纸箱还给你,你可以帮我们把小推车还回去吗?"乐乐问:"还给谁?"圆圆依旧笑眯眯地说:"还给玩沙区的小朋友吧。"乐乐推着小车离开了。

图25-7

在搬运鹅卵石的过程中,面对小推车的不断倾斜和鹅卵石的不断散落,圆圆展现出较强的目的性、毅力和组织能力。在通往玩水区的路上,无论遇到什么样的困难,圆圆都能主动与同伴们动脑筋想办法,直到所有困难都得以解决。雨晴对受伤同伴的细心呵护,体现出她们之间良好的同伴关系。乐乐敢于提出自己的见解并付诸行动,但不能有效地运用语言向同伴清晰地表达自己内心的想法。

回应策略

(1)关注幼儿选择和准备游戏材料过程中的价值。本案例记录的是孩子们为了玩"炒菜"游戏而搬运鹅卵石的过程，可以说是"炒菜"游戏的材料准备阶段。"炒菜"游戏还没正式开始，孩子们的这些忙碌有价值吗？孩子们从要选择用这些鹅卵石来玩"炒菜"游戏，到想出各种办法把石头运到场地，在整个过程中，我们看到了他们的执着与坚持，也看到了面对问题时每个幼儿的不同表现，有能力方面的，也有意志品质方面的。他们在这个过程中，有交流，有协调，有相互帮助，也有相互的学习。在孩子们看来，选择游戏材料、准备游戏材料都是在玩，都是在游戏。因此，教师要认识到幼儿选择和准备游戏材料的价值，更好地去了解幼儿，以促进其发展。

（2）提升幼儿的运动能力，促进游戏发展。大班幼儿推独轮车应该没什么困难，但是装上鹅卵石这样容易滚动的重物再推就没那么简单了。鹅卵石在小车里容易滚动，所以推小车时很难掌握平衡，这需要幼儿有很强的臂力和平衡能力。教师可利用体育活动时间组织孩子们进行各种推独轮车的技能练习，尤其是用独轮车推重物、走各种有挑战性的路线等，提升幼儿的运动能力，让他们在游戏中更得心应手。

（3）关注男孩的沟通能力、决策能力以及解决问题的能力。在很多游戏中教师都能看到女孩们的突出表现，而很多男孩的表现却有些令人担忧，就像案例中的乐乐和大伟。在三个女孩吃力地抬着一纸箱的石头往前走时，他们只是"一直默默地跟随在她们的身后"；在想加入游戏时，他们不能有效地表达自己的想法，无法融入……与女孩们的表现形成比较鲜明的对比。因此，在以后的游戏活动中，教师应有意识地创造机会促进这类男孩的成长与发展。

（山东省淄博市世纪花园幼儿园　庞海燕）

26. DUANG
——幼儿自创的游戏趣味盎然

观察时间： 6月
观察地点： 户外沙池区
观察班级： 大班

沙池区的一角有一根大树干，树干上装有滑轮和麻绳，麻绳的末端拴有一块麻布。前两天孩子们只是在麻布上装好沙子，然后拉上拉下地玩，今天孩子们的游戏却发生了变化。

只听航航和几个小伙伴说："我们在麻布掉落的地方挖一个大坑，在麻布上装上沙子，让麻布上装的沙子落下来时正好掉在大坑里，怎么样？"小伙伴们非常赞同航航的想法，几个人开始忙活起来。小许根据自然坠落下来的麻布确定好沙坑位置，阿伦、小朱、小崔、小蔺、阿牛、航航等几个人开始忙着挖坑。一会儿，一个小坑就挖好了。大家又开始往麻布上装沙子，装好沙子后，麻布变得重起来，小许拉了一下，没有拉起来，就号召大家一起过来拉绳子。"一二三，拉！"大家喊着口号，很顺利地把绳子拉了起来。"预备！放！"只听"duang"的一声，麻布落在了沙坑的一侧，没有成功。

大家很失落，决定重新来。阿伦说："我觉得我们的沙坑挖的地方还不准确，需要调整。"航航说："我觉得我们刚才配合得也不好，麻布被拉起来后，还在来回地晃悠时，我们就松手了。"小许说："我觉得在让麻布降落时，需要有一个人指挥才行。"大家觉得每个人说的都有道理，决定尝试着改变一下，于是又开始忙活起来（见图26-1）。

大　班

图 26-1

男孩们在沙池区玩的时候，基本上都是挖地道、挖"宝藏"，或者把麻布装上沙子拉上拉下地玩。今天航航想出了一个他们以前都没有玩过的游戏，马上引起了大家的兴趣，看来这个年龄段的孩子都喜欢尝试新鲜的事物。当第一次尝试没有成功时，孩子们喜欢挑战的特点又显现出来，他们没有气馁，而是共同努力再次尝试。再次尝试前，他们先凑到一起反思刚才不成功的原因。反思时，他们相互之间并没有因为意见不合而发生争执，而是选择肯定各自的意见，然后再做出尝试和调整，配合默契。这让我们看到，大班幼儿在游戏过程中合作的水平已经非常高，也能较理性地思考问题和解决问题了。

不一会儿，大家又开始进行第二次尝试。小许主动说："这一次，我来指挥，我说'放'，你们就放。""好！"大家边说边去拉绳子。"一二三，拉！"大家还是喊着口号，很顺利地就拉起了绳子。这次大家没有急着放绳子，而是使劲地拉着绳子等着麻布稳定下来，不再晃悠（见图 26-2），听到小许的口令——"预备，放"后才松手，只见装有沙子的麻布"duang"的一声正好落在事先挖好的沙坑里。顿时，孩子们欢呼雀跃起来："耶！成功了！"航航高兴地跑了起来，小崔和小朱兴奋地趴到自己挖的沙坑旁哈哈大笑（见图 26-3）。

幼儿园自主游戏观察与记录

图 26-2　　　　　　　　　　　　　图 26-3

体验到成功的孩子们，又开始重复玩了。

大家重新调整之后，特别小心谨慎，相互配合得更加默契。当看到装有沙子的麻布稳稳地落在自己事先挖好的沙坑里时，孩子们表现出来的那种兴奋溢于言表，这是孩子们自己的游戏。经过多次反复尝试，孩子们真正体验到了成功的喜悦。

几次之后，小崔说："我们应该再继续挑战更高的难度。"大家纷纷表示赞同。小朱问："怎么挑战？"小崔说："我还没想好。"这时，航航找到了一个瓷盆，说："我有好办法了，我们把沙坑挖得深一点，放上这个盆，让麻布落下来时正好掉到这个盆里怎么样？"小许说："那我们就试一试吧！"其他人也都同意。

说干就干，孩子们又忙活起来。这次需要挖很深的坑，于是大家都来一起挖。挖了一会儿，小许大声说："哎，大家先别挖了。我们一边挖，沙子一边往下流，挖了很长时间，沙坑还是没有变得很深。"一直埋头挖沙子的几个人听见后，仔细看了看，发现沙坑确实没有变深。阿牛说："那我们怎么办啊？挖了半天都白挖了。"小朱说："我知道了，我们挖出来的沙子就在坑边上，脚一踩，沙子就又流进沙坑里了。我们应该把挖出来的沙子都运走，这样沙子就不会再流进沙坑里了。"小许接着说："对，我们去找一些盆，把挖出来的沙子都运走，这样沙坑很快就能挖好了。"小蔺和阿伦说："我们去找盆运沙子。"

孩子们很快就挖好了一个较深的沙坑。航航把大瓷盆放到了沙坑里，其他孩子开始往麻布上装沙子，装好沙子后，就准备拉绳子挑战。这时，阿伦说："我们不能站在刚才的位置拉绳子了，要不然麻布掉不到盆里面。"拉绳子的孩子马上调整方向，还是喊着口号："一二三，拉！"麻布又被拉了起来（见图26-4）。"别着急，别着急……"大家相互提醒着。"预备，放！"只听"duang"的一声，装有沙子的麻布正好落

图 26-4

图 26-5

在了盆里面（见图26-5），这次的声音更大了。孩子们兴奋得狂欢起来。

当孩子们还沉浸在成功的喜悦中时，游戏结束的时间到了。孩子们意犹未尽地整理着，边整理边兴奋地和没有参与的小伙伴讲述着自己的游戏感受。

从刚才的游戏尝试中可以看出，孩子们越来越善于发现和思考问题了。当长时间没有达到自己预想的结果时，他们会反思自己的行动有没有问题，而不会把时间浪费在无效的操作上。发现问题后，大家通过相互讨论，能很快想出解决的办法。虽然孩子们并没有推选出组长或队长，但每个人既能主动地发现问题、思考问题，又能尊重彼此的意见，并愿意相互配合，这说明大班幼儿具有较强的观察能力、思维能力与合作能力。

整个游戏从开始到结束，这几个孩子一直饶有兴趣地参与其中，游戏持续的时间也很长。即使失败了，也没有影响到他们参与的兴趣。由此可见，他们的专注力非常强，参与游戏的积极性和主动性也很高。大家都能非常投入地共同去做一件事情，真的是一种非常美妙的体验。

回应策略

（1）**丰富游戏区的材料，拓展幼儿的游戏内容。** 在整个游戏过程中，幼儿能较好地运用现有的材料进行游戏，如用各种大小不一的盆运沙子，用工具挖沙子等。不过，教师可以在游戏区再添加上一些材料，如水桶、木板、沙包、海洋球等，激发孩子们玩出更多的花样。比如，可以将沙坑挖得更深一些，放入水桶，再次尝试；可以在木板的一头放上沙包（或海洋球），让麻布掉落时，正好砸落在木板的另一头，将木板上的沙包弹起来……有趣、多元的材料会激发幼儿更丰富的想象力和游戏内容。

（2）**增加相关探索活动，拓展幼儿的思维。** 教师可以利用相关的集体活动内容，帮助幼儿拓展思维。比如，麻布上不只可以装沙子，还可以装其他的物品，让孩子们体会、感知不同物品往上拉的重量和掉落时发出的声音有何关系；同样的物体，当下面沙坑里放入的物品不一样时，掉落后发出的声音有什么变化；当麻布上放的物体不一样，拉绳子时用的力有什么变化，等等。此类有目的的探究活动，能丰富幼儿的知识经验，拓展其思维，让他们有更多的收获和思考。

（山东省淄博市世纪花园幼儿园　毛林林）

大　班

27. 回家吧，器械朋友
——幼儿能够在多次尝试中找到最好的收整方法

观察时间：4月

观察地点：户外大运动区

观察班级：大班

自主游戏结束了，伴随着《彩虹的约定》这首悠扬的歌曲，孩子们习惯性地开始忙碌着收拾器械，包括人字梯、红绸子、绿垫子、平衡凳、大油桶、各种生活用品等。

运送大型人字梯

轩轩穿梭在收器械的同伴之中，他首先发现了场地上需要运送的大型人字梯（高度约有 1.7 米）。

人字梯两侧起支撑作用的横梁位置比较高，轩轩熟练地从横梁下面钻进了人字梯的中间。他先是蹲下，两只手掌向上牢牢地抓住人字梯攀爬用的两根横梁，起身向上稍稍举起人字梯（梯子刚好可以离开地面），然后向放置人字梯的场地小心地挪动着脚步（见图 27-1）。

人字梯比较重，虽然有些步履蹒跚，但轩轩依然满脸微笑地走到了目的地。他把梯子整齐地摆放好后，蹲下身子从人字梯的横梁下面钻了出来，向远处需继续搬运的人字梯跑去。这次搬运的人字梯和之前那个有点不同，支撑人字梯的横梁比较靠近地面。轩轩依旧熟练地跨进人字梯的中间位置，抓住两侧攀爬用的横梁向前走去。因为他的小手抓的位置有些靠前，没走几步人字梯便开始向后倾倒，轩轩整个人也跟着向后倾倒起来（见图 27-2）。

幼儿园自主游戏观察与记录

图27-1

图27-2

他立刻停住脚步，把人字梯平放到了地面上，然后把手向后移动了一下位置，再次紧紧抓住两侧的横梁，慢慢起身，小碎步向前行走并顺势保持着人字梯的平衡。终于把人字梯摆放到位，轩轩长舒了一口气。

轩轩在班上个头中等，体型偏瘦，不是那种力量型的男孩。而大型人字梯比较高，而且有些重，轩轩能主动选择收放人字梯，说明他自主游戏后自我收整器械的意识和责任感是很强的，并且喜欢选择去做具有挑战性的事情。在收放人字梯的过程中，轩轩一次次把梯子从倾斜调整到平衡，一次次探索搬运梯子的巧妙方法，并安全地把梯子运送到指定位置。这让我们深刻地感受到轩轩的运动智慧和自我学习能力，感受到轩轩不放弃、不气馁的精神。

运送垫子

存放垫子的器械房由两个门划分为两个区域，其中一个区域的空间没有隔断，上下足有1.5米高，另一个区域的空间则被隔成了两层。自主游戏时，如果垫子都被搬空，孩子们就特别喜欢把这个器械房当成自己的家，钻进爬出。此时，怡然和涵涵正抬着一块三层折叠的垫子向器械房走来，她们努力将垫子平举起来后放进了器械房。怡然发现垫子放得不是很整齐，干脆借着另一摞垫子爬到器械房里整理起来。涵涵看到同伴爬进器械房，也迅速踩着器械房的门槛爬到另一边带隔断的第二层空间里（见图27-3）。垫子整理好了，两个好朋友嬉笑着爬出了器械房。

图 27-3

器械房就像一间游戏的小屋，孩子们喜欢在里面钻进钻出，甚至直接躺在里面当大床，真的是非常惬意的事情！收器械有时候也是孩子们快乐游戏的一部分，关键是教师要有耐心，不要催促孩子，并能带着欣喜的眼光看待孩子们这样边玩边收的过程。

运完大型人字梯的轩轩此时正在搬一块三层折叠的垫子，他很想把垫子抱起来，但因为垫子比较厚，他只能弯着腰，吃力地半推半抱着垫子前行。在器械房旁边卷小凉席的怡然看到后连忙起身说："我来帮你！"轩轩拒绝道："不用，我自己来！"说着继续奋力把垫子推向器械房门口。突然，轩轩看到了平时自己最喜欢的女孩琪琪，立刻笑眯眯地说："琪琪，你来帮我吧？"琪琪看了轩轩一眼，摇摇头甩着小辫子跑开了。轩轩一只手抓住垫子的一边，一只手用力托起垫子的另一边，往器械房的第二层隔断上推，同时满脸不高兴地嘟囔道："让你帮帮我，你也不帮我……"

把垫子放好后，轩轩转身走到一块两层垫子的旁边，先将垫子立起来再迅速折叠，然后弯腰搬住垫子的两侧，直接将垫子平举起来走向器械房（见图27-4）。

因为之前放进去的三层垫子已经有了一定的高度，所以尽管轩轩踮起脚尖将垫子顶在头上用力往里塞，还是没能成功。这时，在另一边器械房里整理垫子的晶晶看到这一幕，顺势站到垫子上，伸手抓住轩轩已经塞进一半的垫子的一角，用力拉拽着（见图27-5）。垫子终于放平整了，两人相视一笑跑开了。

图27-4

轩轩跑向更远处放置垫子的地方，这次他直接把垫子高举起来紧贴着自己的头部（见图27-6），侧身大踏步向器械房走去。因为器械房的一扇门并没有完全打开，轩轩便平举着垫子想用它把门拨开，尝试了一次没有成功。他向一侧移动了一下，再次尝试用垫子拨门，门被拨向一侧却没完全打开。轩轩迅速向里放垫子，没想到手背碰到了门边上。他赶紧用腿抵住垫子，不让垫子掉下去，用另一只手捂住了被碰到的手背。同时，

图27-5

图27-6

用身体将垫子推进了器械房里。轩轩继续捂着手背，默默离开了器械房。

轩轩收拾完人字梯，接着又开始收垫子。在6分钟的时间内，轩轩收了三架大型人字梯、三块大垫子，都是一些较大型的器械，中间也没有歇息过，足以看出这是个多么能干的男孩！轩轩搬运了三块垫子，尝试使用了三种不同的方法，看上去是那么娴熟且充满智慧！可见，收放器械既是孩子们自主游戏活动的一部分，也是孩子们学习的机会。

在收放垫子的时候，孩子们遇到了一些困难，但他们会自然而然地产生合作行为，这种默契的合作也给孩子们带来很多的快乐。当然，孩子们也有想邀请自己的好朋友一起做事，人家却不理睬的失落时刻，但这就是酸甜苦辣的真实生活，孩子们自然也要去面对。

格格和道道一边哼唱着《加油干》的歌谣一边一趟趟抬着塑料平衡凳，把它们放进器械房（见图27-7）；甜甜和妞妞合作叠收足有2米宽、5米长的大绸子，两人反反复复调整了十几次，终于将大绸子叠成了小方块放入了器械房；文文将三个大滚桶一个紧挨着一个放置在一起，一口气将三个大滚桶一并推到了国旗杆下；兰兰小朋友很娴熟地卷着地上的长条地毯（见图27-8），然后轻快地跑着放到了器械房。

图27-7

图27-8

大约6分钟的时间，孩子

们将整个南院大运动区场地上的器械全部整理完毕,然后回活动室开始了他们的游戏分享时光。

回应策略

（1）**组织幼儿分享与交流收整游戏材料的经验。** 活动结束后的自主游戏分享中,教师可以请全班幼儿一起观看大家收拾材料、器械的录像,一起发现问题。比如,如何安全地收人字梯？为什么要把体操垫放整齐？怎样才能轻松收折叠的小体操垫,等等。还可以请做得好的幼儿为大家介绍经验,并给他们以肯定和鼓励,以此激发更多的幼儿积极主动地参与材料的收拾与整理,并能动脑筋想办法解决遇到的各种问题。

（2）**继续鼓励幼儿在每一个活动中管理好自己的物品,提升自理能力。** 大班的幼儿就要上小学了,能够有条理地收拾和整理自己的玩具、生活用品是必须具备的能力之一。教师不妨以此为契机,引导和鼓励幼儿在各种活动中关注自己物品的收拾和整理,以锻炼和提升他们的自我管理能力,为入小学做好准备。比如,学习活动后学习用品的整理,饭后餐具的收拾,区角游戏后游戏材料的整理,放学后教室桌椅的整理,等等。

（山东省淄博市市直机关第三幼儿园　周英、庞海燕）

大　班

28. 魔力"沙发车"
——简单的游戏中有不简单的发展内容

观察时间：5月
观察地点：户外车类游戏区
观察班级：大班

　　幼儿园的车类游戏区总是能给孩子们带来许许多多的快乐。

　　这天的车类区游戏中，每个孩子都运用自己喜欢的玩具小车，或扮娃娃家，或开小超市。"哇！沙发车！"循声望去，一辆特别的车子吸引了不少人的眼球（这是家长带来的一个木制的类似沙发的座位，下面装着四个小轮子）。几个孩子兴奋地围在一起叽叽喳喳地议论着眼前的这一辆车子应该叫什么名字。"这辆车应该叫沙发车，你看它就像沙发一样可以坐着，也可以倚着。""这是小推车，你看后面是可以推着走的。"正当大家热烈讨论的时候，泽泽首先坐了上去，他的小伙伴一起推着他出去散步了（见图28-1）。轮流推，轮流坐，他们就这样推着这辆"沙发车"在活动区里快乐地穿梭着。

　　这时候，旁边的石头也想来坐车，坐在车上的泽泽不肯让位。围着车子转了几圈后，石头提出自己的想法："我们来玩出租车的游戏吧？"

图28-1

"坐出租车是需要收钱的,我们又没有钱,怎么坐车呢?"小宝问道。

石头拿起他刚才玩过的拼插玩具说:"用这个!想坐车的人要交一个这样的雪花片当钱,怎么样?"

"嗯,是个好办法。"他的建议得到了大家的认可。

石头第一个把雪花片交给推车的小宝,顺利地坐上了"沙发出租车"(见图28-2)。

图 28-2

车子被推动的同时,推车的人数也在增加。这时,和小宝一起推车的牛牛有意见了:"我和你一起推车,为什么雪花片只给你一个人呢?"

子淇也说:"是啊,我们和你一样推车,我们也该有啊!"

大家觉得有些不公平,于是开始了争论。子淇提议:"我有个好办法,把每次收来的雪花片统一放在一起,最后我们一起来分,怎么样?"

"好!"大家达成了一致意见。子淇又找来了一个大桶装雪花片,并且把它放置在比较隐蔽的地方。

就这样,他们的"沙发出租车"又上路了。大家一路上有说有笑,卖力的小司机们推着车转来转去。每次送完乘客,他们就凑到一起数一数桶里的雪花片。

这个"沙发车"激起了孩子们游戏的兴趣。石头首先发起玩"出租车"的游戏,并想出用雪花片来坐车的主意。子淇反应快,有良好的逻辑思维能力,遇到问题敢于表达自己的想法,知道用实物操作来平均分配所取得的劳动成果。"出租车""雪花片当钱""最后再分雪花片"的想法太棒了,让我们不得不佩服这群孩子的聪明智慧和解决问题的能力。

"我要坐出租车!"这时,东东来到"出租车"前提出要求,还在忙着的司机们都没有理东东。

"我看你们是推不动我吧?!"一脸得意与不屑的东东说道,想以此来吸引他们的注意力。

"我看你们就是推不动我,我一上去这个车就会被压扁了。"东东的自信来自于他的身高与体重。

"谁说的?"——对自己和"出租车"有信心的小司机们同样不服气。于是,东东坐上了"出租车",还别说,两个小司机推起来确实是有些吃力的(见图28-3)。

图 28-3

看着东东在车上,旁边的几个孩子也加入到了推车的行列,他们用尽全力一起推着东东前行(见图28-4)。

终于把东东送到他想去的地方了,下车后"出租车"司机收了东东三个雪花片。笔者问道:"为什么多收东东两个雪花片呢?""因

图 28-4

为东东好重哦,推得我们手好酸,而且都没有力气了。"司机们回答。

站在一边的东东听小司机们这么一说,笑着跑开了。

东东参与游戏的方式也很让人佩服,他成功运用激将法,让自己体验到了"沙发车"的乐趣。他的身高和体重也着实让这一群孩子感受到"挣钱"的不易,多收两个雪花片显示出孩子们的思维的灵活性。

上午游戏的时间快结束了,在收拾器械之前,小司机们还有一项重要的工作——分雪花片。分到最后,他们因为剩余了两个雪花片而产生了分歧。"想一想,平时我们会把不用的钱放在哪里呢?"笔者提示道。"银行里!对了,老师,你能开家银行吗?"子淇兴奋地说出自己的想法,并邀请笔者加入到他们的游戏中。笔者回答:"当然可以。"于是,剩余的雪花片就存放在了笔者这里,他们还交代笔者要替他们好好保管这两个雪花片。

活动进行到最后,如何处理平均分配后剩余的两个雪花片,让孩子们感到很为难。笔者的提示让孩子们联想起生活中的经验,并将其迁移到游戏中,有效地解决了这个难题。

回应策略

(1)组织幼儿梳理游戏过程中遇到的问题,分享经验,共同提升。游戏结束后的分享与交流环节,教师应该组织幼儿梳理游戏过程中遇到的问题。比如,针对本次案例,可以问问幼儿:怎么玩"出租车"游戏?没有钱怎么办?每次只给一个雪花片,三个人怎么分?东东要坐车,太重了推不动怎么办?最后的雪花片不能平均分完怎么办?……对这一系列问题的探讨,能够调动幼儿思维的运转,以及经验的提取和重构。分享与交流的过程也会引发其他幼儿对问题的思考和对他人经验的学习与反思,能够实现共同提高幼儿能力的目的。

（2）引导幼儿学会举一反三，迁移经验，解决生活中的问题。蒙氏工作的银行游戏中，幼儿已经有了这种平均分后有剩余的经验。当幼儿因为平均分后剩余了两个雪花片而产生分歧时，教师通过适时的引导，把幼儿的已有经验迁移到游戏当中，帮助他们解决了问题。重要的是，教师在事后要有意识地引导幼儿去总结这样的方法，学会在生活中举一反三，解决问题。

（山东省淄博市世纪花园幼儿园　黄宝霞）

29. 吊环上的对抗
——开展对抗性游戏需要规则的保护

观察时间： 3月
观察地点： 户外秋千长廊
观察班级： 大班

秋千长廊是孩子们特别喜欢的活动区域，这里设置了秋千、攀登架、吊环，孩子们可以坐在秋千上悠闲地荡呀荡，还可以手脚并用地爬到绳子上或攀登架高处，"挂"在那里聊天。至于那几个从木梁上垂下来的吊环似乎只是一种过渡性的玩具，虽然每次都会有那么几个孩子抓住吊环垂吊儿下，但他们马上就会跑去玩其他游戏了。

今天的自主活动中，教师有意识地搬来了两条长凳和一架人字梯，想看一看孩子们能玩出什么新花样。

月月和熙熙最先发现了这两条长凳，他们将其拖到秋千长廊的一边，坐在上面玩了一会儿，说了一会儿话，似乎觉得没什么意思，就起身离开了。

幼儿园自主游戏观察与记录

教师想起上次组织活动时，自己把长凳放在吊环下面，有的孩子就曾抓着吊环在长凳上走，玩得很开心，于是她把长凳挪动了一下位置，把它们放到了长廊中间的吊环下面。刚刚离去的熙熙发现了长凳位置的变化，马上喊他的好朋友来玩。瑞瑞第一个响应，他和熙熙分别从两条长凳的两头走过去，走到吊环处时，双手抓着吊环，让身体悬空、摆动，在摆动过程中，两人的双脚碰到了一起，他们看看对方哈哈大笑起来。

熙熙说："瑞瑞，太好玩了，咱们再来一遍，看谁坚持的时间长。"

瑞瑞说："要不咱们看谁能把对方踢下去吧？"

熙熙说："好，谁坚持的时间长谁就得100分。"

瑞瑞毫不犹豫地答应了。

他们两人双手紧紧地抓着吊环，身体悬空的同时用双脚去踢对方的脚（见图29-1）。几次以后，两人都没有被对方踢下去，但是在双方身体接触的一瞬间，他们开心地哈哈大笑。

熙熙和瑞瑞的笑声吸引了其他小朋友，更多的男孩子加入到这个游戏中，竹子作为唯一的女孩也跃跃欲试（见图29-2）。

于是，两条长凳上站满了等待"互踢"的孩子们（见图29-3、图29-4）。

熙熙是班里一个比较活跃的男孩，大多数时候，男孩们都是在他的带领下玩游戏的。今天又是他第一个发现了长凳，并利用长凳和好朋友创造出了新游戏。可见，熙熙是一个善于观察、思维灵活的孩子，他的合作和交往能力也是比较高的。

孩子们看到场地上增加的新器械，并没有像以往那样问教师"我们可以怎么玩"，而是自发地就利用它们玩起了新游戏。由此可见，大班幼儿在游戏中的自主性越来越强，游戏的水平也越来越高。

轮到聪聪和月月对抗时，聪聪最先坚持不住，双手松开了吊环，从长凳上掉了下去，可是他马上又站回原处，准备继续游戏。排在他身后的禾禾大

图 29-1

图 29-2

图 29-3

图 29-4

声抗议:"聪聪,你已经掉下去了,掉下去就算输了,就不能再来一遍了。你得到后面排队,轮到你再玩。"

其他小朋友附和道:"就是,掉下去了就得重新排队。"

聪聪似乎被大家的抗议激怒了,他皱着眉头大声地为自己辩护:"不行!谁这样规定了?"说完依然站在了长凳上,双手抓住吊环准备继续游戏。

禾禾恼了,他试探着推了一下聪聪:"聪聪,你输了,输了就得重新排队,该轮到我玩了。"聪聪双手抓着吊环并没有要离开的意思。他还是那句话:"没有人这样规定。"

对面的月月原本是要和聪聪"对决"的,见状也只好停在了那里。于是,游戏终止了。

大约半分钟以后，熙熙打破了僵局："要不，咱们制定规则吧？"

禾禾马上响应："好。那咱们就规定，谁从上面掉下来了，谁就算输了，就得到后面重新排队。"熙熙和月月马上点头同意："行，就这么办。"其他小朋友也附和着。

见状，禾禾马上理直气壮地对前面的聪聪说："聪聪，你到后面排队重新来。"聪聪噘着嘴，慢腾腾地走下长凳，站到了最后面。但当轮到他玩游戏的时候，他的脸上又露出了灿烂的笑容。

聪聪和禾禾都是比较"较真儿"的孩子，尤其是聪聪，平时在班里经常与小朋友发生冲突，使得很多孩子对他"敬而远之"。慢慢地，聪聪的自我保护意识更强了，有时在路上别人不小心碰了他一下，他也会立刻一拳打过去。今天在聪聪和禾禾的较量中，笔者意外地看到了聪聪的进步。他能够渐渐学会妥协，听从大家的建议，掉下来后退到队伍的后面，不但没有像以往那样发脾气、骂人、打人，而且还能在接下来的游戏中快乐地参与。这说明好玩的游戏和大家都坚持的游戏规则让聪聪慢慢地调整自己，学着去让步，学着去遵守集体制定的规则。

今天游戏中的冲突在其他游戏中也经常出现，大多数时候孩子们会迫不及待地向教师求助。随着自主游戏的开展，孩子们再遇到问题与矛盾冲突时已经能够独立地协商，找到解决的方法。由此可见，游戏让孩子们的独立性、自主性逐步得到提升。

更多的孩子加入到这个游戏中，大家玩得热火朝天。唯一的女孩竹子悄悄地对教师说："董老师，我刚才踢到禾禾的'小鸡鸡'了。"

还没等教师去看禾禾的情况，他就已经过来告状了："董老师，竹子踢到我的'小鸡鸡'了。"

"疼吗？"教师问道。

"不是很疼。"禾禾说。

教师查看了一下禾禾的情况，确认不要紧，这才放下心来。接下来，教师叫停孩子们的游戏，向他们提出一个问题："如何保证在玩得开心的同时，不伤害到别人？"

熙熙说："不能踢别人的腿。"

凡凡说："不能踢别人的腰。"

禾禾说："不能踢男孩子的'小鸡鸡'。"

"哈哈哈……"大家听到禾禾这么说都笑起来。

教师问："那你们觉得踢哪个部位才安全呢？"

熙熙说："踢脚。只能用自己的脚踢别人的脚，否则就算犯规，就不能再玩这个游戏了。"

教师问其他孩子："你们同意熙熙的建议吗？"

"同意！"孩子们异口同声地喊道。

教师说："那我们就再制定一条规则，踢的时候只能踢对方的脚，也就是要脚心对脚心地踢，而且要轻轻地踢，你们同意吗？"

"同意！"孩子们又一次异口同声地回应。

之后，吊环上的对抗赛继续进行，更多的女孩也加入其中。在接下来一周的时间里，这个游戏每天都在开展，孩子们像小猴子一样在吊环上荡几下、互踢几下，开心的笑声此起彼伏（见图 29-5、图 29-6）。

图 29-5

图 29-6

在今天的游戏中,熙熙的表现特别突出。从游戏的发起到游戏规则的制定,再到游戏细节的规定,都是由熙熙在推动着。他提出的规则被大家接受并最终确定下来。可见,在现阶段,熙熙的游戏水平、交往水平与其他孩子相比都是比较高的。

回应策略

(1) **适时添加新材料。** 本案例中,因为两条长凳的出现,并被放置在了合适的位置,让闲置的吊环焕发了活力。有时候,教师会困惑:"为什么孩子们的游戏玩不出花样?"其实这与我们提供的活动材料有很大的关系。当教师有意识地在原有场地上投放一些新的材料,孩子们新的游戏也许就能自然而然地产生了。一件器械或玩具的添加,或是位置的改变,都可能引发孩子们新的尝试,会让他们的游戏具有创新性。教师适时适度地对场地进行调整,可有效地推动幼儿游戏的发展。

(2) **把解决问题的机会尽可能留给孩子。** 从本案例来看,其实问题和矛盾是推动游戏进一步发展的重要因素。在今后的游戏中,当幼儿间发生矛盾时,教师要尽可能管住嘴,耐心等一等,把机会留给孩子们,相信孩子们有独立处理问题的能力,让他们在碰撞、冲突、协商中找到最佳的解决方案。

(3) **关注大班幼儿的游戏规则,让孩子们学会自己制定规则,并遵守和调控规则。** 在幼儿园里,大多数活动的规则都是教师制定好,公布给孩子们,然后要求孩子们遵守的。因此,每天教师都很辛苦地提醒孩子们遵守规则,有些孩子也因此学会了天天向教师告状,令教师筋疲力尽、不胜其烦。其实,既然是孩子们的班级、孩子们的游戏,完全可以放手让他们进行自我管理,教师适时介入引导一下即可。本案例中,孩子们就是自己制定了"输了重新排队"的游戏规则,并能很好地遵守,教师只是作为一个旁观者存在;当发现孩子们互踢会踢到小男孩的要害部位时,教师立刻叫停孩子们的游戏,组织大家重新讨论游戏规则,这是非常必要的。

(山东省淄博市市直机关第三幼儿园　董乃凤)

 30. 麻绳秋千荡起来
——幼儿的内心都有一种执着追求成长的动力

观察时间: 5月
观察地点: 户外秋千长廊
观察班级: 大班

最近,幼儿园对户外游戏环境做出了许多变化和调整,包括把秋千长廊里的部分秋千拆掉,换成一根根独立悬垂的粗麻绳。据教师讲,昨天已经有小朋友把麻绳两两系到一起,变成几个可以荡来荡去的秋千。今天,笔者就来到这个区域想看一下孩子们会怎样玩这些麻绳秋千。

来到秋千长廊,笔者发现的确有好几组麻绳已经被系起来了,有的离地面比较高,大约有70厘米;有的低矮些,大约有50厘米;还有几条绳子未被系起来,垂在那里。长廊上靠近麻绳秋千处有条木凳,旁边还有一个大木墩,几个木制的兔笼也因为墙根刚种上草而被挪到了塑胶地上来。

女孩心语

户外自主游戏时间一到,就有四五个孩子飞奔到长廊下,抢先"占领"了系起来的麻绳秋千,开始往上攀爬,而旁边原有的木板秋千却无人问津了。女孩心语抓到中间一个中等高度的秋千,转到后面,飞快地站到木凳上,双手调整好位置,右脚踩在麻绳系起的结上(见图30-1),用力一蹬,左脚迅速从秋千后面迈到前面,几乎同时,右脚也快速抬起伸到前面来,然后稳稳地

坐在了秋千上，悠然地荡了起来。

图 30-1

心语这一系列的动作非常的熟练、流畅，在三四秒钟之内完成，简直令人惊叹！她下秋千的动作也非常自如，两手抓住绳子，身体往下滑，脚踩在地上就完成了。

有几个孩子想过来抢心语的秋千，但心语人滑下秋千手却不离绳子，每次都让别人无机可乘。之后，她一遍遍地用自己的方式上下秋千，悠然地荡来荡去。

据教师讲，这个班里的孩子是从昨天才开始这样玩的。而作为中班小朋友的心语能够如此自如地上下秋千，可以看出她的身体的灵活性与协调性有多好，同时也展现了她的上肢力量与平衡能力。另外，从她手不离绳地一次次上下秋千，也足以看出她对这个麻绳秋千的喜爱。

乐乐与彤彤

旁边的女孩乐乐也站上木凳尝试用心语的方法上秋千，但还没等脚踩上去，就从木凳上掉了下来。第二次，她站上木凳后，先把一条腿搭在绳子上，刚一搭上去，另一只脚就离开了木凳，结果整个身体就吊在秋千上晃动起来。

她用另一条腿站在地上支撑着,把搭上去的那条腿撤了下来。接着乐乐继续尝试,但另一个班的一个女孩过来了,也去抓这个秋千,导致乐乐几次都从木凳上掉下来。这时,乐乐看到旁边还有一个低矮一些的系起来的秋千,立马跑过去了。

女孩彤彤站在地上,抬起一条腿搭到秋千上,然后双手抓住绳子向上移动,抓牢后,努力想把另一条腿也伸过来,但试了几次都没成功。她稍作停顿,看了看旁边上下自如的心语,仍旧尝试自己刚才的办法。旁边有几个女孩看见了,赶紧过来帮她(见图30-2)。最后,她把秋千后面的腿提起来,跪到绳子上,借助这条腿的力量,把前面那条腿向上抬,让脚站到绳子上,再用脚踩住绳子,把那条跪着的腿也调整过来,这样整个人就蹲在了绳子上,然后坐下来,终于成功了!

图30-2

接下来,彤彤看到心语站直身体在秋千上荡,也想站起来,但没有站直就又蹲了下来。可能有点害怕,她试了几次,最终还是坐在秋千上荡了起来。

乐乐、彤彤的上肢力量和平衡能力以及身体的灵活性比心语要差一些,但她们都喜欢尝试用自己的方法上秋千。笔者同时也观察了旁边的几个孩子，他们上秋千的方法真是五花八门。有的孩子用手抓住绳子靠上点的部位，双脚蹬地，只用上肢的力量让身体腾空，两只脚踩住秋千就上去了；有的双手抓绳，直接将一只脚踩上秋千，一挺身另一只脚也跟上来……其实不管是哪一种方法，首先要掌握好平衡，再就是上下肢的力量和身体的协调性也很重要。从孩子们的表现可以看出，他们之间的个体差异还是蛮大的。

男孩嘉嘉

最高的那个秋千一直没有人能够尝试成功。在彤彤成功爬上秋千的同时，男孩嘉嘉也被吸引过来。在玩心语的秋千无望后，他开始发起了对这个最高的秋千的挑战。他先是站在木凳上，用手抓过秋千就想抬腿往绳子上踩，但因为手离秋千底部太近，木凳离秋千又有些远，根本无法踩上去（见图30-3）。

反复试了好几次，嘉嘉开始有意识地把手握得靠上一点。第七次的时候，他的一只脚踩上去了，但身体马上失去平衡，导致他的一只脚在绳子上拿不下来，另一只脚在地上，身体晃来晃去，险些跌倒。最后，他好不容易才把脚从绳子上拿下来。

图30-3

嘉嘉无奈地打算放弃，想去玩心语的秋千，但是心语不给。于是，他再次回来。这次，嘉嘉踩着木凳爬上了养兔子的小木笼并站在上面。他伸出手，小心地用手去抓绳子，把绳子抓过来后，赶紧伸出一只脚想踩上去，结果踩空了，直接跳到了地上。嘉嘉第二次爬上木笼，拉过绳子。这次他把手的位置往上调整了一下，换了只脚小心翼翼地试探了好几次才踩上去，同时迅速把手往上移，紧跟着把另一只脚也踩了上来。嘉嘉低头看看自己的脚，可能想踩得比较舒服点，但整个身体在秋千上前后左右摇摆不定。显然嘉嘉没有找好重心，他咧着嘴，一脸惊慌的样子（见图30-4）。

图 30-4

好不容易稳当一点，嘉嘉回过头去想跟心语说话，结果秋千又前后摇晃起来。稍稍调整了一会儿，嘉嘉想下来了，他上上下下反复调整手的位置，又把两只手都抓到一根绳子上，结果绳子剧烈地摇晃起来，嘉嘉有些害怕和慌乱，他赶紧把手挪回来。他开始尝试把一只脚放到绳子后面，想从秋千后面下来，试了几次都没有成功。他又把一只脚放到绳子前面，想从前面下来。这期间，旁边的心语一直让蹲下来，先坐在秋千上，再把身体从秋千前面滑下来，站到地上。她反复地讲解，一遍遍给嘉嘉做示范，但很显然，嘉嘉不想用那样的方法。突然，他两手同时松开，想纵身跳下来，不料却从秋千上摔了下来（见图30-5）。

教师赶紧冲过去，把他领到旁边的长凳上坐下来。教师查看了嘉嘉的腿部和腰部，又让嘉嘉活动了一下手腕，发现没什么问题，就安抚他坐下来休息一会儿。

图 30-5

嘉嘉前后尝试了九次终于成功登上了秋千，这其中的坚持让笔者感动不已。当嘉嘉成功地站在秋千上的那一刻，他的内心一定充盈着一种无法言说的喜悦和力量。

从嘉嘉上秋千的过程可以看出，他的协调性和平衡能力真的有些弱。上秋千时手与脚的协调，对女孩心语来说轻松自如，嘉嘉却通过好几次尝试才找到了规律；站上秋千后，绳子的剧烈摇晃恰恰说明嘉嘉的身体没有与绳子的晃动协调好，无法保持平衡；嘉嘉尝试下秋千的失败，也是源于他上下肢的不协调所造成的身体失衡。

看着嘉嘉坐在那里，脸上还惊魂未定，笔者想，他还会不会再去尝试呢？让人惊喜的事情发生了！嘉嘉休息了一会儿就站了起来，围着绳子转了五六分钟，再次走到那个高秋千旁。他踩着木凳爬上木笼，小心翼翼地抓过绳子，然后不断地调整手的上下位置，几次抬起脚来又放下，他一会儿看看秋千，一会儿看看别人，双腿不断地交替抖动着，像是在缓解自己的紧张情绪（见图30-6）。

图 30-6

大约 5 分钟后,嘉嘉迈开腿,终于让两只脚都站在了秋千上!但是刚站了一会儿,他就将一只脚抬起来准备下了。他用一只脚踩着秋千,另一只脚把绳子从那只脚上踢下来,然后试着将手一点点往下挪,直到确信两只脚都快要碰到地面了才把手松开,稳稳地跳了下来(见图 30-7)。

图 30-7

这次成功,从嘉嘉的表情上看不出有多大的惊喜,但从他抓着秋千的手可以看出,他一定还会再爬上秋千的。果然,嘉嘉再次爬上木笼,这次只犹豫了一小会儿,就站在秋千上。嘉嘉的脸上终于有了笑容,他开始跟下面的小朋友聊起了天。很快的，嘉嘉又尝试用刚才的办法下秋千，第一次没成功。教师担心他再次摔下来，赶紧过来站在旁边保护。嘉嘉再次努力，终于成功地落地。在之后的半个小时里，嘉嘉去别的地方玩了一会儿，又回来在秋千上玩了好几次，但全都是上去站一会儿就下来，下秋千的方法始终是先下一只脚，再用它把绳子从另一只脚下踢走，然后双手下滑，稳稳落地，但是动作越来越熟练，越来越协调了。

嘉嘉的表现令人既感动又惊喜，他让我们看到一个孩子真实的恐惧、担心、犹豫、纠结，也让我们看到他内在成长的执着追求。嘉嘉最终找到了下秋千的方法，并一次次去练习、巩固，直到熟练掌握。这让我们再一次相信，重复地练习常常是孩子们刚学会一样本领后自发的行动，而且孩子们动作的发展的确需要这样的反复实践，就像他们刚刚学会站立和走路时一样。我们应该学会耐心等待，给孩子们留有这样的自主成长的空间。

回应策略

（1）**增强环境的动态变化，增加挑战性，满足大班幼儿的需求。** 从上述游戏中可以看出，幼儿对户外环境的改变是接受并喜欢的。以前的木板秋千是教师提供的成品，而且为了孩子们的安全，将底部用绳索牵拉在地面上，以防孩子们荡得过高，出现危险。因此，孩子们并不喜欢这样的秋千。这次，教师把荡不起来的秋千拆掉，换成独立悬垂的麻绳，给了孩子们更多自由的空间。这样更加开放的变化，恰好满足了幼儿喜欢探索、勇于挑战的心理需求。正像孩子们自己说的，"因为这样的秋千可以荡得很高，不像那个木板秋千荡不动"。这就是孩子们的心声！可教师却常常从安全的角度出发忽视了孩子们真正的需要，这值得我们反思。

（2）**关注幼儿上肢力量的锻炼，增加上下肢相互配合的活动，提高其动**

作的协调性。要想顺利地荡秋千，上下肢的协调配合非常重要。从上述游戏中可以看出，多数幼儿的上肢力量以及上下肢动作的协调性都有待提高。因此，教师应该在户外活动中有意识地增加这方面的练习，如搬运重物、利用滑轮向上拉起重物、悬垂练习以及各种攀爬活动等。

(3) 教师管住手、管住嘴，留给幼儿自己尝试与探索的空间以及获得成功的机会。上述游戏中，当嘉嘉多次尝试仍未成功时，教师一直在旁边关注着，却没有给予他任何的提示和指导。其实，正是这种"不打扰"，才给了嘉嘉足够的空间和时间，让他可以一次次地去尝试和摸索。如果教师不停地给嘉嘉以提醒和建议，比如，"站在木凳上够不着，你站在木笼上试试""你的手抓得太低了，往上靠靠"，那么即使嘉嘉成功了，他的快乐也要打折，他在这个过程中的成长也要打折；再者，嘉嘉很有可能会因为教师过多的关注而放弃尝试。因此，留给幼儿自己尝试与探索的空间，对于教师来说非常重要。

(4) 关注个体差异，确保幼儿游戏中的安全。嘉嘉从秋千上掉下来很突然，教师隔得不远但也没来得及冲过去。那么这样的事情能避免吗？如果教师在关注到嘉嘉多次尝试还下不来时，能够预想到会有危险，马上就站在他的身边进行保护，是否会好一些？另外，从嘉嘉的动作可以看出他的平衡能力、协调性都不是很好，那么对于这样的幼儿所从事的冒险性活动，教师在活动中是否要多些关注？户外游戏中，教师对幼儿个体差异的把握，对重点活动的关注都很有必要。放手与安全，这个度该如何把握，还需要我们在实践中不断地思考和调整。

（山东省淄博市市直机关第三幼儿园　韩冰川）

31. 开着房车去旅游
——幼儿有自主解决问题的意识和能力

观察时间：4月
观察地点：户外车类游戏区
观察班级：大班

每到自主游戏时间，东东等几个孩子总是在院子里不停地骑三轮车，直至游戏时间结束，才恋恋不舍地把车送回。

这天游戏一开始，东东就迅速地冲到了三轮车停放处，抢先拿到了心爱的黄色三轮车。他双手抓住车把，抬脚上车，很快发动车离开。东东熟练地骑着车在院子里转了几圈之后停下来，把车放到赵老师身边，并对赵老师说了几句话（后来笔者经过询问得知，东东是请老师代为看管车辆），然后急急忙忙去了卫生间。回来时，他顺便拖来了一个滚滚乐（自制玩具）和一个由PVC管做的方框。东东先围着三轮车转了两圈，随后把这两个玩具随意地套在车头上。结果上车一骑，发现放的位置不合适，影响了行驶。于是，他下车重新摆放，但是因为放得不太稳当，一骑车又滑下来了。几番调整后，东东把两个玩具都搭在了车的后架上，这一次玩具稳稳地随三轮车一起前进。

东东的目标非常明确——骑三轮车，所以活动一开始，他既没有等待也没有寻找，就奔着三轮车而去。东东上卫生间时，怕心爱的三轮车被他人骑走，于是请教师代为看管。由此可以看出，他对骑车活动是非常喜爱的。东东找来两个玩具，独自反复尝试如何才能把玩具放在车上并且不影响骑车。东东为此想了许多办法，最终成功。由此可见，他有较强的解决问题的能力。

东东慢慢地骑着三轮车在院子里四处观望，最后把车骑到了半圆形的攀爬球边上，从下面拿了一个羊角球放在车的后面。平时羊角球在三轮车后面是放不住的，一骑车就会掉下来。今天可不一样了，因为三轮车后面放了滚滚乐，所以羊角球稳稳地"坐"在上面，东东骑上车开心地离开了（见图31-1）。

图 31-1

东东有可能觉得总是转圈骑没有意思，于是决定改变玩法。至于具体怎样玩，东东开始并没有想法。他在院子里寻找，最后锁定了羊角球。这次放置羊角球一次就成功了，说明东东对自己的三轮车后座放物品的稳定性非常了解，很自信，也很有把握。

东东经过正在拖着滚滚乐玩耍的奇奇旁边时，大声喊道："请上车！"奇奇答应一声"好"，东东于是把车停下了。奇奇卸下羊角球和方框，刚把自己的滚滚乐套在前面的滚滚乐上时，东东就把车发动了。奇奇着急地大喊："停车，停车！"东东回头一看，乐了，原来奇奇正站在两个滚滚乐中间跟着车小跑呢（见图31-2）。

图 31-2

东东连忙"急刹车",招呼奇奇上车,奇奇一边说"还没有放上家具呢",一边把之前卸下的方框放在第一个滚滚乐上。东东看看方框,好像想起了什么,急忙从驾驶座上跳下来,把方框放在了第二个滚滚乐上(见图 31-3)。

图 31-3

奇奇不明就里,东东就指着后座说:"你的。"噢,原来这里是奇奇的位置呀。车辆装备好了,东东大喊一声"出发",然后就开着"房车",拉着奇奇和"家具",愉快地去"旅游"了(见图 31-4)。

图 31-4

> 东东主动邀请奇奇乘坐自己的三轮车,当奇奇发出停车信号时,东东非常配合,迅速停下。这中间,两人还一起装备车子,放上"家具",让三轮车变成了名副其实的"房车"。最后,两个人一起坐车去"旅游"。看来孩子们还是比较喜欢参与合作性的游戏的。

同样骑车的源源看到东东的举动后,随即停下车,迅速拖来三个滚滚乐和一个 PVC 管方框,学着东东的样子想把车"武装"起来。看着容易做着难,放上这个那个又滑下来了。5 分钟过去了,源源忙得团团转,可车子还没有装备好(见图 31-5)。

图 31-5

他抬起头，仔细地看看骑行的东东，又埋头干起来。几经周折，车终于装备好了，源源的脸上露出了笑容。当笔者询问源源做的是什么时，源源骄傲地回答："这是我的房车！"

爱模仿是孩子的天性。相同的三轮车，因为东东的玩法更加具有吸引力，于是引发了源源的新想法。不过源源没有进行单纯的模仿，而是对自己提高要求，放了四个玩具，看来大班的幼儿还是喜欢挑战的。源源经过多次尝试、观察，终于建造好自己的"房车"。这说明，幼儿只有对自己感兴趣的活动才能全身心地投入其中。

车子装备好了，源源去找哲哲，邀请哲哲坐自己的车。结果不知道什么原因，两人发生了争执，互不相让。之后，哲哲通过"石头剪刀布"的方式胜出，当上了司机，而源源也心甘情愿地坐在后座上当起了乘客（见图31-6）。

笔者后来了解到，他们两人组建了一个家庭，哲哲是爸爸，源源是孩子，爸爸开着"房车"拉着孩子去"旅行"！

图31-6

一个人玩游戏缺少交流，于是有了哲哲的加入。两个人都愿意当爸爸，因为当爸爸可以开"房车"，但是爸爸只有一个，于是发生了争执。为了游戏能继续进行,他们决定用"石头剪刀布"的方式决定谁是驾驶员。在自己失败后,源源心甘情愿地把心爱的驾驶座让给了哲哲。是和同伴一起玩,还是自己开车玩?这是源源必须面对的选择。从他的行动中可以看出,他懂得为了共同的游戏必须做出让步,这也是孩子们学习合作的开始。

回应策略

(1)**与幼儿一起围绕房车进行谈话,丰富幼儿关于房车的相关知识,满足幼儿对房车的兴趣**。在今天的游戏中,四个人都玩起了"房车"的游戏,不过游戏内容比较简单。这说明幼儿虽然知道可以坐房车去旅游,但对于房车还具备哪些功能,可以为旅游者提供哪些方便,等等,他们了解得并不多。因此,教师可以通过视频、图书、请家长帮着搜集资料等方式帮助幼儿积累经验,为幼儿进一步玩"房车"游戏奠定基础。

(2)**肯定幼儿的合作行为,鼓励幼儿用自己的方式解决问题**。教师可以在分享与交流环节请源源和哲哲介绍他们的游戏过程,说说他们是怎么合作的,遇到了什么问题,以及是怎么解决的,从而鼓励他们的合作行为,并给其他幼儿以启发。

(山东省淄博市周村区嘉源幼儿园　王芳)

幼儿园自主游戏观察与记录

32. 奶昔小店
——幼儿有主动推动游戏发展的能力

观察时间：4月
观察地点：户外沙池游戏区
观察班级：大班

　　户外自主游戏时间到了，今天大（二）班的游戏区是沙池。教师介绍完游戏场地及注意事项后，孩子们便迫不及待地跑到材料橱上快速取了各自喜欢的玩沙工具。不过青青是个例外，只见她不紧不慢地站在材料厨前，走来走去，眼睛上上下下、左左右右地扫描了几遍材料橱上的玩具，然后很从容地从一个塑料筐里取出一摞一次性塑料杯子，一一散开摆放在沙地上。接着她又返回到材料橱，取了一把小铲子，然后开始把一个个的杯子装满沙子。她独自一个人很专注、很享受地玩着（见图32-1）。

　　过了一会儿，西西走到青青旁边，问："青青，你在干什么？"青青没抬头，也没有说话，若无其事地继续装着她的沙子。西西于是蹲下来又好奇地问了一遍，青青抬头看了看西西，用低低的声音说："我在做奶昔。"西西又进一步问道："我可以和你一起做吗？"青青犹豫了一会儿，然后不太情愿地说："那……那好吧！"于是，西西又找来大大小小的桶、碗、盘子等各种容器，和青青一起认真地做起"奶昔"来（见图32-2）。

　　从孩子们迫不及待的动作中，我们能看到他们对沙池游戏区的喜爱。最初玩沙子时，孩子们喜欢挖地道、装沙子、寻找"宝贝"，之后还会挖了再藏、藏了再挖，反反复复地玩，再后来就开始玩以物代物"做饭"的游戏，

图 32-1

图 32-2

今天青青就一直在专注地制作"奶昔"。这说明孩子们玩沙的水平在逐步提高。

从青青的动作、表情、语言等不难看出，她有点内向、不善言谈，但做事情很认真，而且比较有主见。她平时喜欢一个人玩，和小朋友互动得较少。所以在西西两次询问和申请后，青青才勉强同意。但也正是因为西西的加入，让青青的独自游戏静悄悄地演变为两个人的合作游戏。

青青和西西制作的"奶昔"越来越多，突然西西用手模拟打电话的样子开始传呼正在一旁玩游戏的瑞祖："瑞祖、瑞祖，听到请回答。"瑞祖也用手做接电话的样子（见图 32-3），说："收到，收到。"西西接着说："我们做了很多奶昔，你喝吗？"瑞祖说："我们正在挖地道，没有时间去拿，你给我们送过来吧！"西西问："你们要几个？"瑞祖说："给我们送三个吧！"西西说："好的，奶昔马上送到。"

两个人挂了"电话"后，西西对青青说："瑞祖他们要三个奶昔，你快点给他们送过去吧！"于是，青青提上三个"奶昔"送"外卖"去了（见图 32-4）。

据了解，西西的父母经商，平时都很忙，而且西西还有一个弟弟，平时在家吃饭经常打电话叫外卖。所以西西对打电话叫外卖、送外卖并不陌生，今天才会玩送外卖的游戏。从西西与小伙伴的互动中可以看出，她的性

图 32-3

图 32-4

格外向、喜欢交往，而且交往能力也比较强，与青青形成了鲜明的对比。从青青接受西西的安排并且积极、愉快地完成任务来看，她已经慢慢地进入了游戏和角色，情绪和状态也在逐渐发生着积极的变化，这种变化是自然而然发生的。

青青刚把"奶昔"送到，就接到西西的"电话"（见图32-5），原来又有人要"奶昔"了，青青边接"电话"边快速跑回去继续送"外卖"。

图 32-5

订货的人越来越多，青青和西西忙不过来了，于是她们又请了几位小朋友帮忙制作"奶昔"。就这样,西西负责接单,青青负责送外卖,刚加入的小朋友负责制作,店里的人越来越多,生意越来越红火,小小的"奶昔"店里变得热闹起来。

订单越来越多,人手不够,做不出足量的"奶昔",满足不了顾客的需要,这显然是摆在孩子们面前的一个大问题。遇到问题能积极想办法解决,这是大班幼儿需要培养的一种能力。从西西和青青的表现来看,她们解决问题的能力还是比较强的,能根据需要及时邀请小伙伴参与到游戏中来,而且分工明确、各负其责,使游戏得以有序进行。由此让我们更加坚信一句话——孩子是有能力、有自信的学习者。

天气越来越热,瑞祖又给西西打"电话":"西西,我们挖地道太累了,出了好多好多的汗,真想吃个冰淇淋啊!请问,你们店里有没有?"西西马上说:"有,没问题!你们等会儿,我们马上送到!"放下"电话",西西又急忙安排制作"奶昔"的小朋友,立马开始制作"冰淇淋"。只见孩子们快速地把桶装满沙子,然后在上面放了一个小彩球,美味可口的"冰淇淋"就做好了(见图 32-6)。

这时,青青找来了一个大桶,把已经做好的"奶昔"和刚做出来的"冰淇淋"一起装进去,然后两手握住桶的提手提了一下,太沉,没提动。她蹲下来把"奶昔"从桶里取出一些,又试了试,还是没提动,于是又取出,再试,直到能勉强把桶提起来才罢休。青青两手使劲地提着桶,咧着嘴,一点一点挪着步子,吃力地去给小伙伴们送"外卖"(见图 32-7)。一次不够,返回,再送。孩子们快乐地忙活着,"生意"越来越好,青青也越来越投入,动作越来越麻利,不一会儿,她红扑扑的脸上就渗出了汗水。

天气变热,小伙伴想吃"冰淇淋",西西马上接单,并及时安排做"奶昔"的小朋友改做"冰淇淋"。从这里我们看到了西西的领导才能和随机

图 32-6

图 32-7

应变的能力，以及小伙伴们的积极配合，也看到了这群孩子良好的分工与合作、团结与协调等能力的发展。桶里的"奶昔""冰淇淋"太多，青青提不动，于是想办法取出一些，再试，反反复复好几次，终于吃力地一步一步给小伙伴送去。青青对游戏的热情，遇到问题自己尝试解决且认真、执着的样子，让我们感到意外和惊喜，原来青青也有这样的一面啊！看来在自由自主的游戏中，我们真的能看到更真实、更有能力的儿童。

就这样，制作、派送、返回、再送，在一个多小时的游戏时间里，孩子们投入其中并享受着游戏的快乐。在游戏中，笔者还能偶尔听到青青和小朋友交流的声音："你们还要吗？""这个可以吗？"……

从最初的一个人玩、不说话，到最后能主动和小朋友交流，这让我们看到了一个前后变化很大的青青。这个变化得益于一个有趣的游戏，得益于一个关键性的人物——西西。其实每个孩子都有与人交往的愿望，都渴望与小伙伴一起玩。青青之所以长期独自一个人玩耍，是因为小朋友还没有走进她的心里，她还没有体会到和大家一起玩的乐趣。今天的青青让我们认识到个体差异的存在，也让我们对如何通过幼儿同伴间的交流、学习促进他们的发展有了新的思考。

回应策略

（1）**多给幼儿提供自然交往的机会，创造同伴间学习、交流的机会。** 今天的游戏中，西西不经意间慢慢走近了青青，并深深地影响和带动了青青，这一切的发生都与孩子们所热衷的玩沙游戏有关。这启发教师在平时的游戏中可以有意识地安排一些乐交往、会交往、能力强的幼儿与青青这样较为内向的幼儿一起玩，使其慢慢地体验到与同伴一起游戏的快乐，更好地融入到同伴的游戏中。其实幼儿的自我学习能力是非常强的，教师应该相信幼儿，并为其创设更宽松、愉悦、自由、自主的游戏环境，增加幼儿之间自由交往的机会。

（2）**为沙池游戏区提供丰富多样的低结构材料，引发幼儿更丰富的游戏内容。** 沙池区是孩子们非常喜欢的游戏区，本区提供的玩具，大部分是小桶、铲子、塑料挖土机、小汽车以及废旧的瓶瓶罐罐等材料。其实，沙池区除了常规的玩沙工具外，教师还可以提供种类丰富、数量充足的低结构材料，如石子、小球、小木棍、树叶、瓶盖、食品模具、小盒子、易拉罐等，一方面可以满足幼儿游戏中以物代物的需要，另一方面也会引发幼儿更多的游戏内容，提升幼儿的游戏水平。

（3）**丰富幼儿的生活经验，增加幼儿参与角色体验的机会。** 今天的游戏中之所以出现制作"奶昔""冰淇淋"以及送"外卖"等游戏情节，与个别幼儿的日常生活经验是分不开的（据了解，青青的妈妈喜欢做美食，经常带孩子做奶昔、点心等，因而青青在这方面的经验比较丰富）。所以，教师可通过多种渠道（譬如，参观冷饮店、烘焙店，观看相关视频等）为幼儿提供观察、学习或实际体验各类角色的机会，帮助他们了解各行各业人们的工作性质、内容和特点，丰富幼儿的生活经验，为幼儿的角色游戏做好准备。

（山东省淄博市世纪花园幼儿园　只青）

33. 警察局里的故事
——自主游戏自然遵循幼儿自己的逻辑

观察时间：4月
观察地点：户外角色游戏区
观察班级：大班

今天户外角色游戏区的蔷薇架下分外热闹，一群男孩子搬来了锅碗瓢盆一大堆材料，他们一边叽叽喳喳地讨论着，一边往桌上、地上摆放，忙得不亦乐乎。材料摆放得差不多了，只见栋栋拿起一顶警察帽戴到头上，对着大力和瑞瑞说："好了，可以了，我们一会儿就去抓你们！"大力和瑞瑞先跑出去，过了一会儿，另外两个男孩嘉嘉、林林也追了出去。看来这几个男孩子又在玩"警察抓坏人"的游戏了，但他们为什么在长桌上摆了那么多的锅碗瓢盆呢？今天的"警察局"里又会有什么故事发生呢？

超级大厨师

一会儿工夫，几个孩子陆续跑回来，栋栋和嘉嘉开始摆弄长桌上的材料，把大大小小的汤锅、炒锅、压力锅都摆好，还在旁边放上几个塑料碗、铁盒子。此时，大树干做的长桌俨然成了一个超豪华的料理台。

豪豪刚才一直在玩秋千，看到他们在忙活，也过来凑热闹。一开始豪豪只是帮忙整理一下桌上、地上的各种材料，给栋栋打下手，递个勺子，加点调料。可不一会儿，豪豪就趁栋栋转身跟嘉嘉交流的机会拿起大勺，挽起袖子，有模有样地点火、加油、翻炒。

豪豪把早操用的啤酒绳花放到锅里当菜炒（见图33-1），他不停地端起锅来晃一晃，再拿铲子翻翻、压压，嘴里还发出"嗞嗞"的声音……最惊艳的一幕是豪豪的颠勺，只见他两只手握住炒锅的柄，用力向上颠，啤酒绳花在空中画出优美的弧线，翻个身，又稳稳地落回到锅里。

图 33-1

笔者禁不住为他叫好，并趁机问道："你们这儿不是警察局吗？你不去抓坏人，怎么在这儿做饭啊？"豪豪不假思索地说："我是给警察做饭的厨师。"原来如此！豪豪继续沉浸在自己的工作中，他一会儿用手在桌边上扭一扭，假装调整火的大小；一会儿又拿勺子在桌上的各个小碗中舀调料，逐一加到锅里；一会儿还要关照一下长桌上的其他几个锅，在汤锅里搅一搅，打开压力锅的盖子看一看……他忙碌的样子简直就是一个超级大厨师！

一直以为摆弄这些锅碗瓢盆是女孩们的专爱，没想到男孩子们玩起来也是如此的投入。尤其是豪豪，我们可以看出他对"厨师"这一角色非常喜欢。一开始，豪豪不是这个"警察局"游戏里的一员，把他吸引来的不是刺激的"警察抓坏人"游戏，而是这满满一大桌的锅碗瓢盆。豪豪的融入也很有意思，他先从帮忙整理、打打下手开始，继而抓住机会拿到大勺，争取到了自己心仪的"厨师"角色。从中我们可以看到，豪豪的社会交往能力还是很不错的。

首先,他的加入没有被拒绝,一方面是由于这几个男孩子的乐于接纳,另一方面也说明豪豪在这群男孩中虽然不是核心人物,但人缘也还不错。其次,为了加入游戏、得到角色,豪豪能够采取迂回的策略,顺势而为,这挺不简单的。

豪豪的融入让笔者意识到,在孩子们加入游戏、分配游戏角色以及进行角色交往的过程中,教师真的应该放手。教师越少的指导、越少的说教,越能给孩子们以自主的空间,给孩子们发现问题、面对问题、解决问题的机会,越能激发他们潜在的能力,帮助他们获得成长和发展。

豪豪"做饭"的场景令人印象深刻,这让笔者感受到,在自主游戏中,孩子尽情游戏的专注与快乐;同时,也不得不感叹一个孩子对生活如此细致入微的观察,以及他令人赞赏的模仿能力。

栋栋所长

笔者一边看豪豪"做饭",一边跟他聊天:"你是大厨,那栋栋是干吗的?他怎么也没出去抓坏人?""他是所长,谁戴帽子谁就是所长。""警察不都戴帽子吗?""可我们这里只有一顶帽子啊!"……

栋栋"所长"正在给放到地上的一只毛绒玩具狗打针,说这是他们的"警犬"。打完针,栋栋又拿了个杯子从长桌上的小碗里假装倒了点东西,端过去喂他的"警犬"。笔者注意到,对于豪豪趁他不注意拿到大勺炒菜的事情,栋栋并不介意,也没有要拿回来的意思,他很自然地给豪豪帮忙,自己找事情做。他一会儿端个小碗放到"微波炉"里,定时、启动、等待,然后自己"叮"的一声再打开,端出来;一会儿又把"警犬"抱到木墩上,给他戴上一顶安全帽(见图33-2)。

嘉嘉手里拿着一个电动车用的安全锁跑回来,一边跑一边回过身举起锁朝后面扫射(见图33-3)!

嘉嘉在栋栋耳边嘀咕了几句,栋栋拿起长桌上的一盏圆头小台灯,开始喊话:"有人作案了!有人作案了!马上去追!马上去追!"

图 33-2

图 33-3

嘉嘉把手里的安全锁扔到木墩上,又拿了一个喷雾器的嘴儿当枪,冲了出去。栋栋捡起安全锁看了看,把它放在木墩上前后摆弄了一下,拿起来,又放回木墩,再摆弄一下,然后也冲出去了。一会儿栋栋回来,拿起安全锁重复了一遍刚才的动作,进到里面来(见图33-4)。

图 33-4

看到豪豪还在忙碌地"炒菜",栋栋觉得插不上手,于是拿起一个杯子,来到刚才用来喊话的小台灯旁,把杯子放到台灯的灯头位置,另一只手在台灯的底座上面按了几下,假装接了点水,又端过去喂他的"警犬"。放下杯子,栋栋来到压力锅旁,打开盖子看到里面有水,然后笑着用盖子假装去打豪豪的头，两个人都开心地大笑起来……栋栋把盖子盖上，然后拿着盖子上的手柄在锅上来回地转动，一会儿又端起锅来晃一晃，再握住手柄快速地来回转动，最后打开锅盖，告诉豪豪："爆米花好了！"

笔者刚开始观察时没有看到栋栋是如何当上"所长"的，是他自己争取的，还是大家推选的？……反正"警察局"里唯一一顶警察帽子在他的头上戴着。通过观察，我们能看到栋栋不是一个特别强势的"所长"。但是他很善于运用材料：他按照操作流程使用"微波炉"；把电动车安全锁放到木墩上作为"警察局"的门锁，而且只有他每次进出都要开关门锁；他一会儿把小台灯当作喊话器，一会儿又把它当成饮水机，一会儿把压力锅的盖子想象成红太狼的平底锅，一会儿又当作爆米花的制作工具……对于栋栋来说，这些材料总能很自然地变成生发游戏情节、推动游戏发展的道具。正是这种较高的运用材料的水平，使得栋栋始终沉浸在丰富的游戏情境中，自得其乐。

警察与坏人

嘉嘉和林林一直在拿着枪抓坏人，偶尔回来一趟，转一圈，又抓起"电话"说一阵儿，表示接到报警又走了。他们的武器种类很多，一会儿是玩具枪，一会儿是安全锁，一会儿是喷雾器的嘴儿，一会儿又是一根木棍或是一根竹竿……嘉嘉不知从哪儿找来一顶牛仔帽，戴在头上跑过来给教师看。

或许是有点累了，嘉嘉和林林跑回"警局"坐在木墩上休息。坐了一会儿，两个人又站起来抱抱"警犬"，动动锅铲，然后跑到旁边看女孩们做"饮料"。大力和瑞瑞一直在扮演坏人，见"警察"不来抓了，就凑到"警察局"来。瑞瑞冲着嘉嘉喊："有人作案了，有人作案了！"然后看着两个"警察"的反应，随时准备跑。两个"警察"互相使个眼色，心照不宣地拿起枪，冲了出去，两个"坏人"见状撒腿就跑。

几分钟后，"坏人"大力先回来了，他抱起自己的水杯喝完水，坐到木墩上摆弄起自己的装备——一个坏了的三脚架和一个可以戴在头上的耳机（见

图33-5），接着又捡起一个游戏机的控制器玩了起来……

图33-5

两个"警察"也回来了，嘉嘉还从女孩们那儿买了一大杯"可乐"，请栋栋"所长"和"坏人"大力品尝，两个人都夸张地做出"太好喝"的表情："啊！太爽了！"……

自主游戏结束的音乐响了，孩子们陆续收拾材料，一会儿工夫，蔷薇架下喧闹不再。

对于"警察抓坏人"这样的游戏，孩子们的兴趣点在哪儿呢？奔跑的快乐，追逐的乐趣，玩打仗游戏的刺激，摆弄武器的满足……在孩子们的游戏中，推动游戏发展的可以是"警察"，也可以是"坏人"。他们有规则，即警察负责抓坏人，坏人就是要被警察抓的。但是，他们跑累了，坏人也可以到"警察局"来坐下休息，警察也可以请"坏人"一起喝杯"饮料"……哈哈，这就是孩子们的游戏，天马行空，自由自在，出戏入戏，心照不宣！很难想象，这样的游戏要是由教师来设计，来制定规则，来教孩子玩，那会是什么样子……

回应策略

（1）**试探性投放新材料，让材料引发并推动幼儿游戏的发展。** 比如，在上述案例中的这个角色游戏区中，大多数材料是各种锅碗瓢盆，之前孩子们都是在使用它们玩"开餐馆""卖饮料""过家家"的游戏，但一顶警察帽的出现，让游戏内容有了新的变化。相较于其他区域，角色游戏区的材料投放更应该是变化的、动态的，但教师有时无法确定具体的数量和种类，以及更新的时间与频率。这需要教师试探性地投放，不能仅凭自己的想当然。比如，如果按照惯性的思维教师会想，孩子们要玩"警察抓坏人"的游戏，有警察帽会更好些，但只有一顶，会不会引发纠纷和矛盾？是不是该多投放几顶？但实际情况是，孩子们有他们自己的解决办法——谁戴上帽子谁就是所长，教师担心的问题根本就不存在！看来教师真的需要在观察幼儿游戏的过程中思考材料投放的问题，而不是教条地照搬所谓的理论或经验。

（2）**相信大班幼儿角色分配以及融入他人游戏的能力，充分地放手，让幼儿的能力在解决问题的过程中培养起来。** 上面案例中，这些大班的孩子们在角色分配的过程中几乎没有耽误什么时间，也很轻松地就融入到他人的游戏中。他们具备分配角色和加入他人游戏的能力，教师需要做的就是放手、等待、观察。

（3）**经常邀请幼儿分享生活经验和游戏经验，将会对其他幼儿的游戏有所帮助。** 从豪豪"精湛"的厨艺中，我们能看到孩子的相关经验对于游戏质量的重要性。游戏后的分享与交流环节，教师不妨播放豪豪游戏的录像或照片，请豪豪跟大家分享他的经验，从而启发孩子们有意识地用心观察周围的事物，用心体会身边的生活，从而为游戏积累更多的经验。

（山东省淄博市市直机关第三幼儿园　韩冰川）

混 龄

34. 加油收费记
——在混龄游戏的同伴互动中获取经验

观察时间：5月
观察地点：户外游戏区——加油站
观察班级：托班、中班

户外活动开始了，托班的小康一个人坐在"加油站"旁边的围栏上，眼巴巴地看着小朋友和中班的哥哥姐姐玩着各种游戏。

小康身边的"加油站"里，心心指着"加油站"这三字对小朋友说："我认识这三个字。谁要来加油啊？"旁边的文文说："加油站的管子不通了，我修一修它。"文文边说边用螺丝刀插了插"加油管"（见图34-1），随后把"加油管"放了回去，说："修好了，可以加油了！"这时候，在一边看着的小康悄悄地走到"加油站"旁边，扭头看看四周，像文文那样动了动"加油管"，并前后左右地看了看加油的"油箱"。

三岁左右的孩子爱模仿，喜欢游戏。模仿可以成为他们学习的动机，也可以成为他们学习他人经验的过程。托班的小康最初对游戏持观望态度，可能是因为对游戏还不熟悉，也可能

图 34-1

是因为对自己的能力不太自信。在旁观了小朋友的言语、动作后，小康对这个区域的活动有了一定的了解，开始模仿别人的动作，并产生了参与游戏的愿望。

这时，中班的两个哥哥骑着小车过来，对着站在"加油站"旁的小康喊道："我的小车没油了，快加油！"小康听到后愣了一下，很快就高兴地拿起管子走到小车跟前，把管子口对准自行车把手中间的螺丝，同时嘴里不停地发出"嘶嘶嘶"的声音，一会儿之后对两个哥哥说："油加满了，可以走了。"（见图34-2）

图 34-2

接下来，小康开始不停地给开过来的小车"加油"，"加油"的位置也不再单一的是车把手上的螺丝，而是车的各个位置，如车的轮胎、后座等。

托小班幼儿在游戏中往往对自己的角色职责不太明确，但混班游戏让他们有了更多的与大孩子接触的机会，也从大孩子身上自然习得一些游戏经验。游戏中，不善言辞的小康能够用简短的话语与别人交流，能够从无所事事的状态很快进入游戏角色，是不错的表现。刚刚进入游戏时，小康不知道该做什么，但在与中班孩子的互动中，他逐步意识到了自己的角色职责，开始很负责任地给小车"加油"，嘴里还不断地模仿加油的声音。这说明他在生活中有一定的加油经验，并能较好地迁移这种经验进行游戏。当然，幼儿的模仿并不是消极、被动的"临摹"，他们在模仿中也有创造，有自己个性与情感的表达。有了"加油"的愉快体验，小康开始乐此不疲地游戏，并不断地变换"加油"的位置，获得了较大的满足感和成就感。

在给一辆车加满"油"后，一位中班的哥哥问小康："钱给你吗？"听到这句话，小康一愣，但马上说："好的，给我就可以！"他边说边把小手伸了出去。小哥哥也伸出小手，"啪"的一声拍在小康的手上（见图34-3），说道："给你钱，2元。"小康收到"钱"后，立刻把身子闪到一边，让出了行车路线，让小哥哥骑车走了。随后再给车辆"加油"时，小康开始对每一辆"加油"的车收费。中班的孩子也很自然地拍拍他的手表示交了费，游戏就这样快乐地进行着。

图34-3

随着游戏的进行，中班的孩子又一次向三岁的小康提出了挑战。这次小康很快就接受了新的玩法，并沉浸在"加油""收钱"的过程中，乐此不疲。当真正地投入到游戏情境中时，孩子们之间彼此的配合是那样自然与默契，让我们不由得为他们的游戏精神而叹服。

回应策略

（1）**为幼儿提供更多的与不同年龄段小朋友一起玩的机会。**托小班幼儿一般独自游戏和平行游戏比较多，游戏中交往的语言较少，角色意识也比较弱，游戏内容比较简单。但适当组织不同年龄段的幼儿进行混班游戏，对于帮助低年龄段的幼儿提升游戏水平是非常有益的。像上面案例中的小康，因为参与了中班孩子们的游戏，所以"加油"的游戏玩得有声有色，并在游戏过程中获得了许多有益的经验。

（2）**发现幼儿的新玩法，鼓励幼儿分享他们的新经验。**同伴参与和玩具能有效地激发托小班幼儿的游戏动机，帮助他们展开一定的想象。同时，这一年龄段的幼儿其思维的概括性和灵活性较差，以物代物的能力不强，这使得他们在游戏时喜欢模仿同伴，也往往追求和同伴相同的玩具材料，处于平行游戏阶段。上述案例中，小康在"收费"环节，在中班哥哥的带领下，用拍手来代替钱币，这种行为虽然是一种无意识的替代行为，但让游戏情节更加丰富，让幼儿的游戏体验更加愉悦。教师要善于观察、发现幼儿游戏的新玩法，并通过分享不断地强化幼儿游戏中的象征性行为，从而使某些材料成为幼儿公认的替代物，并在此基础上有新的发展和创造。

（3）**提供新材料，逐渐丰富幼儿的游戏内容。**骑车、"加油"这些游戏在户外活动区中是长时间存在的，因此当游戏进行了一段时间之后，教师可以根据幼儿的年龄特点和游戏需要，多提供一些材料，帮助幼儿丰富游戏内容，如"汽车修理厂""小交警"等。

（4）**鼓励合作，提升幼儿的交往能力。**三岁以下的幼儿，以自我为中心，表达能力和社会交往能力比较弱。因此教师可以在平时的生活中创设一些情

境，让幼儿共同完成一个任务。比如，让几个幼儿一起完成一件美术作品、共同搬运一个物品、共同玩一个游戏等，帮助他们掌握融入群体活动的技能。教师要为幼儿多提供一些与他人交往的机会，帮助他们学会用语言向同伴表达自己的意愿和积极情感。

（山东省淄博市通济花园幼儿园　李欣桐）

35. 交通关卡
——小孩子加入大孩子游戏的巧妙智慧

观察时间：6月

观察地点：户外车类游戏区

观察班级：小班、大班

自主游戏一开始，大班的孩子就抢占了车类游戏区内所有的车，他们或骑着车子，或推着车子，来来回回地穿梭于"隧道"之中。小班的乐乐和多多来到"隧道"前，看了一会儿哥哥姐姐们的游戏后，到器械房拿来一根PVC管，又去角色游戏区拿来一个奶粉罐。然后，他们在"隧道"前架起了一个关卡（见图35-1），说是一车一杆，还要刷卡。

图 35-1

车类游戏区一直是一个热门区域,每天自主游戏一开始,车子就会被一抢而空。因为自主游戏时间孩子们是混班玩的,所以年龄小的小班孩子往往拿不到车子。看得出,今天乐乐和多多非常想参与到车类游戏中,在观望之后,他们竟然想出了一个奇妙的办法:设杆、加油、洗车、查证……从而巧妙地参与到大班孩子的游戏中。由此可见小班孩子想参与到哥哥姐姐的游戏中的执着,他们活跃的思维以及游戏的主动性、积极性。这让教师们不得不为之感叹。

大班的晨晨推着小推车来到杆前,顺手在杆上抹了一下,代表已刷卡(见图35-2)。没想到乐乐说:"刷得不对,要在这里刷,杆子才能起。"说完,他在杆子的另一端示意了一下(见图35-3)。晨晨认真地看着乐乐的示范,然后按照示范又"刷了一次卡"(见图35-4)。乐乐满意地看着哥哥,把手里的杆子缓缓地升了起来(见图35-5)。接下来,通过的哥哥姐姐都接受了乐乐的"培训"。

图 35-2

图 35-3

混　龄

图 35-4

图 35-5

小班的禾禾拿着一个坏了的射灯来到"隧道"边，对刚通过"隧道"的涛涛说："你闯红灯了，我这是探头，已经把你拍下来了！"涛涛赶紧停下来，很无辜地双手摸头："啊……不会吧？"（见图35-6）随后，禾禾从地上拿起一个红牌和一个绿球说："这是红绿灯，绿灯亮了你才能走！"涛涛赶紧应声："知道了！"后来的车辆都很遵守规则，"绿灯"亮了才会通过（见图35-7）。

图 35-6

图 35-7

由于幼儿园的院子不大，一直以来开展的都是混龄游戏。时间久了，孩子们之间好像形成了某种默契，在自己设置的情境中，都会自觉地遵守游戏规则。大孩子不会因为自己大就欺负小孩子或不遵守小孩子的规则，小孩子也不会害怕大孩子或不敢对他们提出要求。这让我们不得不感叹孩子们平等参与的游戏精神！长期处在这种平等、相互尊重的游戏情境中，孩子们的社会性自然而然会得到很好的发展。

玩了十几分钟，禾禾发现"隧道"前的关卡太多了，过"隧道"的哥哥姐姐少了。于是，禾禾把做红绿灯的材料送回角色游戏区，又从材料架上拿了一个键盘，来到"隧道"的另一端，对将要进入"隧道"的大班幼儿安安说："请出示驾照！"安安赶紧停下车，假装将"驾照"递到禾禾手中。禾禾郑重地接过"驾照"在键盘上刷了一下，又按了几个键说："好了，可以通过了。"（见图35-8）安安接过"驾照"往上衣的口袋里一塞，骑车进入了"隧道"。后来想进入"隧道"的"司机"都愉快地等待，接受了这样的检查。

就这样，车类游戏区的游戏一直在小班孩子设置的各类关卡和大班孩子的配合中，愉快地进行着，直到游戏时间结束。

图 35-8

禾禾虽然年龄小，却有推动游戏发展的能力。他不断地调整着自己的角色，让游戏开展得丰富多样。禾禾物归原位的意识很强，对于不再使用的物品，能够把它们送回材料架。同时也能看出，禾禾和乐乐对车和交通规则都有较丰富的生活经验。

回应策略

（1）**邀请幼儿分享经验，鼓励他们相互尊重，遵守游戏规则。** 大班教师可以从遵守游戏规则的角度切入，请大班幼儿就小班的弟弟妹妹都设置了哪些关卡、有哪些要求以及他们是怎么做的进行交流，从而引导大班幼儿尊重弟弟妹妹的创意，主动遵守游戏规则，共同保障游戏的顺利进行；小班教师可以请参与游戏的这几名小班幼儿说一说，自己为什么要设置关卡，每个关卡的规则是什么，以及哥哥姐姐做得如何，等等，同时积极肯定和鼓励他们的做法，并引导他们学习哥哥姐姐遵守游戏规则的精神。

（2）**继续在幼儿园开展幼儿自主游戏混龄玩。** 通过上面的记录，我们能够感受到混龄游戏的巨大优势。在混龄玩的游戏中，孩子们能学会比较和自我评价，也能发现自身的优势，从而在游戏中选择适合自己的角色。这样一来，游戏的角色会更丰富，游戏的可玩性会更强。另外，对于小孩子而言，大孩子的正确行为规范为他们做出了榜样。对于大孩子而言，他们会自觉地展示自己作为哥哥姐姐的一面，更加遵守游戏规则。因此，教师在自主游戏时间可以有意识地多创造一些混龄玩的机会，让孩子们在自己的"小社会"中自由、自主地发展社会交往能力，感受与不同年龄段的小朋友一起玩的乐趣。需注意，开展混龄游戏时，区域材料必须适合且满足不同年龄段幼儿的需要。

（3）**自主游戏前，丰富幼儿的相关经验，鼓励小班幼儿积极参与到大班幼儿的游戏中。** 教师在游戏前可以请小班幼儿观看以往混龄游戏的录像或照片，介绍小班幼儿是如何参与大班幼儿的游戏以及他们是如何与大班幼儿互

动的，以此丰富小班幼儿的经验。同时，也可以对大班幼儿提出要求，让他们想办法吸引和带动小班幼儿游戏。

（山东省淄博市张店钢铁总厂幼儿园　任云丽）

36. 马路上的红绿灯
——同样的游戏主题不一样的游戏内容

观察时间：4月

观察地点：户外车类游戏区

观察班级：中班、大班

骑小车运动深受中大班幼儿的喜爱。每天户外游戏时间，他们都会骑着小车满院子穿行。可是院子里还有其他孩子在玩游戏，这样一来相互之间很容易发生碰撞或干扰，于是教师给骑车运动划分了一定的活动范围，可又因场地太小，孩子们不能玩得尽兴。后来，教师们经过研讨，在塑胶场地的四周画了一条单行车道（见图36-1），孩子们可以沿着车道长距离地有序行驶了。有的孩子自己骑，有的孩子与同伴一起骑，还有的孩子在车后面拉着货物，大家玩得不亦乐乎。这时，教师和孩子们又发现，游戏中经常有人从车道上随意穿过，导致骑车的小朋友急刹车，甚至撞车。经过讨论，教师和孩子们一起在车道上

图36-1

画上了人行横道，提醒其他幼儿穿过车道时要走人行横道，骑车的孩子则要注意减速慢行。几天后，车道上又出现了"红绿灯"——有的孩子手持红色和绿色的塑料小套圈，站在车道边指挥交通（见图36-2）。

图 36-2

单行车道和人行横道等的设置，既解决了幼儿游戏场地和秩序的问题，也让原本单纯的骑行活动变成一种富有情境的角色游戏。车道演变成游戏场景——马路，骑车的幼儿则被赋予了司机的角色。在这样的角色游戏中，幼儿与同伴的互动、与材料的互动逐渐多了起来，更多的创造性游戏内容也由此生发出来。

中班熠熠的红绿灯游戏

这天，中班的熠熠左右手分别拿着绿色和红色的塑料套圈，站在画有人行横道的车道旁。看到远处有车子骑过来，他马上伸出右手，举起红色的套圈大声喊："红灯！红灯！"（见图36-3）骑车的小朋友在他面前停下，他收回右手，伸出左手举着绿色套圈，大声说："绿灯！"骑车的小朋友于是继续发动车子向前行驶。后面的车子紧跟着往前走，熠熠见状赶紧跑到这位小朋友的面前，把红色套圈晃了几晃，急急地大声说："哎，红灯、红灯！"骑车的小朋友一停车，熠熠的表情立即转为满意的微笑，他伸出左手举着绿色套圈说："绿灯！"每一辆车经过，熠熠都会如此尽职尽责地履行"红绿灯"的职责。

图 36-3

熠熠在游戏中的表现让我们看到，他在生活中已经获得了一些较浅显的交通规则方面的经验，而且能够将这些经验很好地迁移到游戏中来。凭借着在生活中的观察和认知，游戏时他选择站在有斑马线的车道旁指挥交通，并且要求凡是经过的车辆都要遵守"红灯停，绿灯行"这一规则。因为同年龄段幼儿的生活经验、认知水平比较相近，其他幼儿也很快认可了熠熠的这一游戏规则，由此形成了一种默契的配合，让"红绿灯"游戏得以顺利开展。游戏中熠熠所选的塑料套圈的大小、颜色与红绿灯相近，拿来替代，很快就被所有人接受。熠熠愉悦地沉浸在"红绿灯"的频繁交替中，沉浸在"红绿灯"与车辆之间相互关联的重复体验中，沉浸在管理同伴使其遵守规则的满足中，乐此不疲。

大班韩韩的红绿灯游戏

大班幼儿的游戏时间，韩韩也在满头大汗地指挥交通。他手中拿着红、绿、黄三个颜色的塑料套圈站在车道旁，看到有车子骑过来，他就把绿色和黄色的塑料套圈放在一只手上,用另一只手举着红色的塑料套圈,说:"红灯!"(见图36-4)等车子停下后,他开始数数:"10,9,8,7,6,5,4,3,2,1。"听他数完,骑车的小朋友正要往前行,韩韩忙说:"等等,还没好呢。"接着,他拿出黄色的塑料套圈,说:"5,4,3,2,1。"然后,他又迅速拿出绿色的塑料套圈说:"走吧。"在骑车的小朋友一个接一个迅速通过的同时,韩韩开始倒数:"10,9,8,7,6,5,4,3,2,1。"倒数完毕,韩韩又立即找出红色的塑料套圈示意停车。这一次,他说:"20,21……"犹豫了一会儿后,他大声说出了"19",显得非常高兴。之后,他开始一边跳一边倒数:"20,19,18,17……"等候通行的孩子也跟着他一起倒数,韩韩因此变得更加兴奋。倒数完毕,他继续找出黄色的塑料套圈倒数:"5,4,3,2,1。"然后,拿着绿色的塑料套圈倒数:"10,9,8,7,6,5,4,3,2,1。"

之后的游戏中,韩韩一直持续红灯倒数20,黄灯倒数5,绿灯倒数10的规则。

图36-4

相较于中班幼儿,大班幼儿对生活的观察更为细致,所获得的生活经验也更丰富一些。从游戏中可以看出,韩韩不但观察到了路口有红、黄、绿三种颜色的指示灯,还发现了三种灯持续的时间有所不同,并将已学过的倒数知识运用到游戏中,以表示红绿灯持续的时间。刚开始,韩韩非常明确黄灯持续的时间最短,所以选择了从5开始倒数,红灯、绿灯都是从10开始倒数,后来他又尝试红灯从20开始倒数。为什么从20开始倒数呢?询问韩韩,他说:"我坐在爸爸的车上感觉红灯要等好长时间,有一小时那么长,绿灯不是很长,有时还没过去就变成红灯了,黄灯最短。"因此,游戏中韩韩觉得红灯持续的时间似乎应该更长一些,于是他选择了离10最近的整数20,勇敢地进行挑战。从20、21到19的变化可看出,韩韩将已经学会的10以内数的倒数规律成功地进行了迁移,顺利完成了20以内数的倒数,这是他的一个自我学习、自我内化的过程。从韩韩的游戏中我们看到,生活经验的丰富和对生活经验迁移能力的提升让大班幼儿的游戏内容和游戏情节更加丰富、更加有趣。他们能够充分利用自主决定的机会,去尝试、体验自己设计的游戏规则,并不断地积累自身发展所需要的经验。

这时,有个小朋友在韩韩倒数红灯时,强行闯过,韩韩大叫:"不能闯红灯!"骑车的小朋友加快速度继续前行,韩韩一边追一边大声喊:"不能闯红灯!不能闯红灯!"结果没有追上,韩韩四处张望了一下,看到一位教师,就对教师说:"老师,他闯红灯了!"说完,转身回到人行横道旁继续玩"红绿灯"的游戏。此时,笔者从车道上一步跨过,韩韩对笔者说:"王老师,你应该走人行横道。"

过了几天,韩韩又在手持塑料套圈玩"红绿灯"的游戏。这时,一个小朋友闯红灯,韩韩大声制止:"不能闯红灯!"他一边喊一边张望:"警察,有人闯红灯。"正在旁边玩弹珠的朔阳跑过来说:"怎么了?我是警察。"韩韩说:"他闯红灯了。"朔阳对着骑车的小朋友背起手,装作生气的样子说:"是你闯红灯吗?不能闯红灯!"(见图36-5)等了一会儿,他又说:"下来,你违法了,车子被没收了。"骑车的小朋友怔怔地看了他一会儿,很顺从地下了车,朔阳却骑上小车扬长而去(见图36-6)。

混 龄

图 36-5

图 36-6

韩韩的规则意识比较强，对交通法规有一定的认知，并能在游戏中坚持遵守规则。对于自己所担当的角色，他可以说是尽职尽责，遇到问题也能够想办法独立解决。"警察"的出现让我们看到自主游戏中幼儿的灵活性和创造性，以及他们对已有生活经验的综合运用。游戏中随机出现的游戏角色，以及同伴的认可和配合，让游戏不断地得到延续和扩展。

几天后，笔者又看到韩韩在玩骑车的游戏，不过这次他当起了司机。顺利地骑了几圈后，他开始闯红灯了。手拿"红绿灯"的乐乐连忙制止，韩韩说："我是警车，我是警车。"接着，他就用嘴巴模拟警笛的声音，乐乐停顿片刻后还是放行了。骑车过程中，小美没打招呼就站在韩韩的车上，韩韩停下车转身对她说："坐出租要交钱。"小美假装往口袋里摸了一下，然后拍了一下韩韩的手，韩韩转身开始骑车。一会儿，又来到"红绿灯"处，韩韩再次闯红灯，这次他说："我是救护车，车上有病人等着急救。"于是，他再次骑车顺利通过。

韩韩自己担任"交警"角色管控"红绿灯"时一直要求别人遵守规则，但轮到他自己玩的时候却不愿意被别人约束。于是,他想出了开"警车""救护车"的主意，终于按照自己的愿望顺利地通行。虽然有点"耍赖"的感觉，但他思维的灵活性和处理问题的能力还是让我们不得不佩服。

回应策略

（1）**基于幼儿的兴趣，丰富相关经验。** 基于幼儿的兴趣，教师在分享与交流环节可以播放他们游戏的视频或图片，引导幼儿讨论："他在做什么？为什么这样做？"由此引发幼儿对交通法规进一步探究的兴趣。教师还可以鼓励幼儿在家长的陪伴下，观察马路上的红绿灯、车辆及行人，观察交警的工作，等等，并将自己的发现再次进行分享与交流，从而提升有关交通规则的认识。

（2）**补充材料，支持幼儿的游戏。** 游戏中"警察"的出现让游戏情节有了新的发展，教师可以适时地投放警察的帽子等道具，给幼儿生发出来的游戏角色以支持；还可以与幼儿讨论马路边与车辆相关的加油站、洗车店等设施，投放相应的材料，让幼儿的游戏内容不断地得到丰富。

上述案例中，韩韩在游戏中成功地运用已有的倒数经验管控"红绿灯"，很有满足感和成就感，这种成功的体验增强了他的自信心，也会激发他对数活动的相关兴趣。因此，教师可以在数学区投放一些关于计数活动或者倒数游戏的材料，以引发幼儿的不断尝试和探究。

（3）**帮助幼儿进一步理解规则，保障游戏活动的顺利开展。** 针对游戏规则，教师可以组织一次讨论会，让幼儿充分地讨论"什么时候，什么行为是不合适的""我们应该怎么做"，等等，帮助幼儿理解在集体生活中要遵守一定的规则，引导他们学会制定和使用基本的游戏规则，让游戏开展得更加顺利和有趣。

（山东省淄博市市直机关第二幼儿园　王艳）

混龄

37. 修路
——生活中的事件常常会引发幼儿的游戏内容

观察时间：5月
观察地点：户外沙池游戏区
观察班级：中班、大班

今天是孩子们第一次进修整后的沙池游戏区玩，他们都感觉很新鲜。原来在大器械房内的玩沙工具全都被移到了户外的东墙边。教师讲解完注意事项后，浩浩就跑到了东墙边，在工具筐里找到了一块大约60厘米长的竹板（从中间劈开的竹子），然后双手抓住竹板，让其凸面朝下，弓着腰在地上向南推起来（见图37-1）。被推过的沙地变得平整多了，他告诉教师说自己在修路。他边推边回头看，脸上露出很愉快的表情。但是看到被膝盖和脚压出的小坑，他有些不满意了，便找来一个小平底锅，从旁边挖了些沙子把小坑填平后（见图37-2），才又继续向南修路。

图 37-1

图 37-2

但是，填平的路在他修的过程中很快又被弄得坑洼不平了。这时，成成走过来问："你在干吗？"浩浩回答说："修路。"成成说："你这是修的什么路呀？一点也不平，看我的吧！"说完成成拿了块竹板，将其凹面朝下，转过身来倒着修路，这样一来，路面就不会被脚和膝盖弄得坑坑洼洼了（见图37-3）。浩浩见了马上转身也倒着修起来，遇到小木屋，转过弯，一直把路修到水槽边（见图37-4）。水槽边的小朋友正在玩水，由于浩浩的屁股朝着水槽，所以他的背上被溅上一些水。

图 37-3

图 37-4

他回过头来大声问："怎么回事？"玩水的小朋友立刻道歉说："对不起，我们正在玩水，没看见你过来。"浩浩看看水槽四周潮乎乎的沙地，嘴里说着"没关系"，转身走开了。

接下来，浩浩退回到原来的修路地点，继续修直那段路，不再拐弯去水槽那边了。

最近，幼儿园门口正在修路，而且前几天教师给孩子们讲过一个关于修路的故事，浩浩的修路游戏主题可能基于此产生的。浩浩把连续推出的平整的沙地称为修路，很形象。在修路的过程中，他能够意识到被自己的膝盖和脚弄洼的地方，并采取了补救措施。但是当看到同伴的修路方法后，他马上进行了调整，说明他很善于向同伴学习。浩浩修路遇到小木屋这一固定的障碍物时，知道拐弯，说明他有变通的能力。在后背被溅上水后，他能够接受同伴的道歉并调整了修路路线，说明他具有较高的交往技巧和调整能力。

看到路被修平了，浩浩拿来一个羽毛球拍开始在平整的路面上画与路面垂直的竖条，说这是人行横道。这时，阿虎走过来，手里也拿着一个羽毛球拍说："我和你一起画吧？"浩浩答应了。鑫鑫走过来看到扔在一边的竹板说："我帮你修路吧？"浩浩也同意了。于是，鑫鑫蹲在马路的一边，双手拿住竹板的一端来推（见图37-5）。

鑫鑫边推边说："谁来帮帮我呀？"画完人行横道的阿虎跑到路的另一边说："我来帮你！"于是，两人一起推起来（见图37-6）。

图37-5

图37-6

浩浩的行为吸引了三个孩子前来加入，他都欣然接受了。阿虎利用"帮浩浩画斑马线"的借口介入游戏；鑫鑫趁浩浩和阿虎画斑马线的工夫，以"帮助修路"为由也成功介入游戏。这说明两人都很会选择时机，具有一定的社会交往能力和技巧。在这四个人中，很明显浩浩处于领导地位。在修路的过程中，鑫鑫和阿虎为了不破坏路面，蹲在马路两侧推。这说明，孩子们的修路技能在探索、尝试中不断得到提高。

看到路修得差不多了，浩浩找来一根小树枝，又找来一片红色的树叶和一个绿色的柿子花蒂插在了树枝上,然后把树枝插在了路的南头(见图37-7)。教师问这是什么,他说:"红绿灯啊,没看出来吗?"

图 37-7

正在这四个人忙着修路的时候,一群大班的孩子从这里经过,路又被踩得乱七八糟了。浩浩见了大声说:"哎,我们在这里修路,不要踩了!"可是大班的孩子已经走过去了。

"怎么办呀?"浩浩说,"他们来回地走,都给我们踩坏了。"鑫鑫说:"弄上一条警戒线吧?"于是,浩浩来找教师:"老师,你帮我们拉上一条警戒线吧?"本来在沙池边的警戒线不知怎么不见了,教师找了半天也没有找到,只能对他们说:"对不起,警戒线被拿走了,你们还是自己想想办法吧。"浩浩回头对另外三个人说:"快去找找看,什么东西可以当警戒线。"鑫鑫去南边找警戒线了。教师提醒浩浩说:"想想,马路边都会有高出一点来的路牙石,你们可不可以找些东西来当路牙石,这样别人看到你们在修路,就不会从上面走了。"浩浩和成成马上说:"对,找东西当路牙石去。"他俩向工具筐走去,不一会儿,就提了一篮子竹板过来。浩浩说:"快,我们用这些竹板当路牙石,把路两边堵住。"于是,两人开始把竹板放到路的两边,阿虎看见了也过来帮忙。鑫鑫拿了一个塑料小跨栏走过来,兴奋地说:"就用这个当警戒线吧?"(见图37-8)浩浩、成成和阿虎见了都说:"好!"

图37-8

这时,生活教师建议孩子们去喝水,浩浩说:"老师,你帮我们在这里看着点儿,别让他们踩了,我们先去喝水了!"教师答应了,于是孩子们纷纷跑去喝水了,他们的修路游戏暂告一段落。

笔者不得不佩服浩浩的创造力,一片小小的树叶、一个绿色的柿子花蒂和一根树枝就变成了"红绿灯"!他们选择的这块地方本来就比较狭窄,孩子们从这里穿来穿去是难免的,所以路面被踩坏很正常。孩子们在遇到这个问题后,开始积极地想办法解决。在教师的建议下,两人找来了竹板当路牙石,一人找来了塑料跨栏当警戒线。这说明孩子们具有创造性使用物品的能力,同伴间具有初步的分工与合作。因为要离开去喝水,游戏中的领导者——浩浩怕路面被别人踩坏,就把看马路这一任务交给了教师,这说明他对自己的游戏成果是很在意的,即使设置了"警戒线"和"路牙石",仍不放心。

回应策略

（1）**寻找机会让幼儿实地观看修路的过程，或者观看相关的视频、图片。** 幼儿的修路游戏源于幼儿园门前的修路工程，可见对生活的观察与模仿是幼儿游戏内容的重要来源。因此，教师应该有意识地引导幼儿关注周围的事物和环境的变化，培养他们敏锐的感知、模仿能力，从而使游戏内容更加丰富多彩、生动有趣。如果有机会，应该让幼儿实地观看工人修路的过程和修路使用的机器，如沥青机、压路机等。如果没有实地观看的机会，也可以引导幼儿观看修路的相关视频，了解修路的程序和基本常识；还可以与幼儿一起观察各种道路的图片，如右拐弯的路、有坡度的路、有桥梁的路等，以及马路上的斑马线、马路两边的树和建筑物的图片，丰富幼儿的生活经验，拓展幼儿游戏的内容。

（2）**及时指导或在游戏后的分享与交流环节纠正幼儿的错误认知。** 比如，在修路过程中幼儿画的斑马线的方向不对，是与马路平行的，而实际的斑马线是与马路垂直的。教师可以及时地以提问的方式进行指导，比如，"看看你们的斑马线有问题吗？""还记得马路上的斑马线是怎样的吗？"等等。教师也可以将照片拍下来，在分享与交流环节，让大家一起来发现问题、解决问题。

（3）**多为幼儿提供充足的低结构材料，促进幼儿游戏的开展。** 案例中，幼儿创造性使用材料的能力非常强，竹板、树枝、树叶、塑料跨栏等都被他们拿来当作游戏的材料。教师不妨多提供一些低结构的材料，如各种形状的木块、竹筒、石头等，这样幼儿在制作一些诸如路牙石之类的东西时，会有更多的选择。

（4）**组织幼儿讨论修路游戏中遇到的问题的多种解决办法。** 教师可以组织幼儿交流、讨论，帮助幼儿梳理修路过程中遇到的各种问题，一起动脑筋找出更多解决问题的办法。比如，怎样修路才能避免被自己压坏？用什么工具才能把路修得更平？"红绿灯"可以用什么来制作？修好的路怎样才能防止被别人踩坏？等等。

（山东省淄博市市直机关第三幼儿园　孙爱芹）